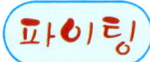

기초 수영 마스터

일신서적출판사

SWIMMING

SWIMMING

SWIMMING

SWIMMING

이 책을 읽는 여러분께

SWIMMING

어떤 스포츠라도 연습을 하면 일정한 정도의 수준까지는 도달할 수 있습니다.

그러나, 올림픽 대회에서 우승하거나 세계적인 선수가 되기 위해서는 연습과 훈련이 지루하게 느껴지거나 너무 힘들어 도중에 그만두고 싶어지더라도 거기에 굴하지 않고 자신만의 기쁨과 만족을 찾음으로써 더 많은 노력을 기울일 수 있어야 합니다.

그러기 위해서는 기본기를 완벽하게 습득하는 것이 가장 중요합니다. 기본기를 착실히 익힘으로써 불필요한 시간과 힘을 절약할 수 있고, 보다 빨리 세계 무대로 나아갈 수 있는 것입니다.

자신이 수영하는 모습을 자기가 수영하면서 볼 수는 없습니다. 그런 만큼 혼자서 기술을 확실히 익히기는 어려우므로, 친구나 선생님 등 주위 사람들의 객관적인 지도와 도움이 필요하게 됩니다.

그러한 도움이 필요할 때, 이 책이 반드시 여러분의 친구나 선생님의 역할을 대신하여 줄 것으로 믿고 있습니다. 정확하고 힘찬 동작을 자기의 것으로 만들어, 씩씩하게 영광스러운 무대로 나아가십시오.

그러한 염원을 담아 이 책을 썼습니다.

1985년 편자 씀

차 례

∷ 머리말

SWIMMING 1 물을 두려워하지 말자 ····· 5
1. 수영의 기원과 우리 나라 수영의 역사. ▶6
2. 수영은 효과적인 전신 운동이다. ▶8
3. 숨쉬기는 복식 호흡을 사용한다. ▶10
4. 물의 성질을 알고 익숙해지자. ▶14
5. 물 속에서 하는 놀이를 통해 물과 친해지자. ▶18
6. 물에 뜨는 연습은 천천히 하자. ▶20
7. 물에 뜨게 되면 벽을 차고 나아가자. ▶22
8. 초보자는 앉아서 하는 킥 연습부터 하자. ▶26
9. 풀 사이드를 잡고 킥하는 연습을 하자. ▶30
10. 비트판을 이용한 킥 연습. ▶34
11. 발목은 최대한 부드럽게 하자. ▶38

SWIMMING 2 가장 빠른 영법인 크롤 ····· 41
1. 영법의 진보로 단축되 가는 기록. ▶42
2. 추진력의 대부분은 팔 동작에서 나온다. ▶44
3. 롤링과 하이 엘보. ▶48
4. 호흡은 롤링에 맞추어 한다. ▶50
5. 킥은 발끝까지 유연하게 하도록 한다. ▶54
6. 스타트가 승패를 결정한다. ▶56
7. 턴은 몸을 오므리고 재빨리 한다. ▶58

SWIMMING 3 크롤을 뒤집은 배영 · · · · · 65

1. 뛰어난 선수는 시선이 고정되어 있다. ▶ 66
2. 뒤로 누워서 물 위에 뜨는 연습을 하자. ▶ 68
3. 헤엄치기 전의 연습. ▶ 70
4. 손은 어깨의 연장선 위를 지난다. ▶ 72
5. 팔꿈치를 편 채로 젓는 것은 잘못이다. ▶ 76
6. 호흡의 패턴을 결정한다. ▶ 78
7. 킥은 크롤의 킥을 뒤집어 놓은 것처럼 한다. ▶ 80
8. 풀과 킥의 콤비네이션. ▶ 82
9. 스타트는 물 속에서 한다. ▶ 86
10. 턴 동작에서도 스피드를 유지하도록 한다. ▶ 88

SWIMMING 4 역사가 가장 오래 된 평영 · · · · · 93

1. 평영은 규칙이 가장 엄격한 영법이다. ▶ 94
2. 헤엄치기 전의 연습 ①. ▶ 96
3. 헤엄치기 전의 연습 ②. ▶ 100
4. 손은 어깨부터 힘껏 뻗는다. ▶ 102
5. 호흡은 팔젓기의 후반에 한다. ▶ 106
6. 평영에서 킥의 역할은 중요하다. ▶ 108
7. 스타트는 크롤보다 깊게 한다. ▶ 110
8. 턴에도 까다로운 규칙이 있다. ▶ 112

SWIMMING 5 가장 화려한 접영 · · · · · 117

1. 평영으로부터 독립한 수영법. ▶ 118

차 례

2. 헤엄치기 전의 연습 ①. ▶ 120
3. 헤엄치기 전의 연습 ②. ▶ 124
4. 손과 발을 좌우 대칭으로 움직인다. ▶ 126
5. 수면 위로 기어오르지 않도록 한다. ▶ 130
6. 호흡은 피니시와 동시에 한다. ▶ 132
7. 킥할 때는 양발을 모아서 한다. ▶ 134
8. 스타트는 평영보다 얕게 한다. ▶ 136
9. 턴은 평영과 거의 같다. ▶ 138

SWIMMING 6 룰과 명선수로의 길 · · · · · 143

1. 스타트. ▶ 144
2. 모든 영법에 공통된 사항들. ▶ 146
3. 자유형(크롤). ▶ 148
4. 배영. ▶ 150
5. 평영. ▶ 152
6. 접영. ▶ 154
7. 혼영과 혼계영. ▶ 156
8. 당신도 명선수가 될 수 있다. ▶ 158
9. 이것만은 반드시 실천합니다. ▶ 160
10. 여러 가지 수중 운동. ▶ 164

SWIMMING 7 부 록 · · · · · 169

◆ 경기 규칙 ▶ 170
◆ 용어 해설 ▶ 182

물을 두려워하지 말자

1. 수영의 유래와 우리 나라 수영의 역사. ■ 6
2. 수영은 효과적인 전신 운동이다. ■ 8
3. 숨쉬기는 복식 호흡을 사용한다. ■ 10
4. 물의 성질을 알고 익숙해지자. ■ 14
5. 물 속에서 하는 놀이를 통해 물과 친해지자. ■ 18
6. 물에 뜨는 연습은 천천히 하자. ■ 20
7. 물에 뜨게 되면 벽을 차고 나아가자. ■ 22
8. 초보자는 앉아서 하는 킥 연습부터 하자. ■ 26
9. 풀 사이드를 잡고 킥하는 연습을 하자. ■ 30
10. 비트판을 이용한 킥 연습. ■ 34
11. 발목은 최대한 부드럽게 하자. ■ 38

1. 수영의 유래와 우리 나라 수영의 역사.

물고기나 고래, 개구리 등은 물론 말, 개 등 동물은 태어나면서부터 헤엄칠 수 있는 반면에 인간은 특별히 배우지 않으면 헤엄칠 수 없습니다. 언제부터 어떻게 헤엄칠 수 있게 되었는가는 확실하지 않으나, 인류가 수영을 시작하게 된 것은 놀이나 더위를 피하기 위해 또는 물 속에서 먹을 것을 얻기 위해, 아니면 화재 등 재난을 피하기 위해서일 거라고 추측됩니다.

수영에 관한 가장 오래된 기록으로는 리비아 사막에 있는 와디 소리의 동굴 암벽에 그려진 그림으로, 병사가 헤엄쳐서 강을 건너고 있는 모습인데, B.C. 9000년 무렵의 것이라고 합니다. 그 뒤 여러 곳에서 수영을 가르쳤다는 기록이 있으나 그 기술과 발전이 어느 정도인지는 불분명합니다. 수영을 중시하게 된 것은 18세기 계몽시대에 들어와서부터이며 이후 경기를 중심으로 새로운 기술이 발달하게 되었습니다. 수영 경기는 최초에 영국에서 평영으로 시작하여 배영, 접영으로 발전하면서 유럽 여러 나라에 보급되었습니다.

우리 나라의 수영은 삼국시대 이후 《수서(隨書)》나 《삼국사기(三國史記)》 등 여러 자료를 통해 살펴볼 수 있습니다. 그리고 조선시대 임진왜란 때 이순신 장군이 거북선을 이끌고 나가 해전에서 큰 승리를 거두었다는 것은 너무나도 유명한 이야기입니다.

우리 나라에 수영이 보급되기 시작한 첫 경로는 1898년 5월 14일 발표된 무관학교 칙령 제11호 제17조에 '더위를 다하여 학생에게 3주간의 휴가를 주되 이 시기에 유영 연습을 명하기로 할 일이며…'라고 되어 있는 것으로 미루어 무관학교 학생들에 의해 시작되었다고 봅니다. 또 이때부터 현대적 의미의 수영이 실시되었다고 할 수 있습니다.

  그 뒤 1916년 7월 원산청년회 주최로 원산에서 처음으로 수영 강습회를 가졌고, 1927년에는 한강수영연구회의 수영강습회에서 자유형, 평형, 배영 등이 소개되었으며 '29년 9월에는 동아일보사가 주최한 최초의 전국 규모 대회인 전조선수영대회가 개최되었습니다. 국제 대회에 참가한 것은 '58년 5월 도쿄에서 개최된 제3회 아시아경기대회가 최초입니다.

  이후 열린 제6회 방콕 아시아경기대회에서는 조오련 선수가 400m 자유형에서 아시아 신기록을 수립하는 한편 1500m 자유형에서도 우승함으로써 국제 대회 첫 금메달리스트이자 3관왕이 되었습니다. '82년 제9회 뉴델리 아시아경기대회에서 최윤희는 여자 배영 100m, 200m, 개인 혼영 200m에서 금메달을 획득해 3관왕이 되었고, '86년 제10회 서울 아시아경기대회에서는 배영 100m, 200m에서 2관왕에 올라 '아시아의 인어'라는 애칭으로 불리며 전국민의 사랑과 기대를 받기에 이르렀습니다.

  현재 우리 나라는 보다 나은 기술 발전으로 인해 과거에 비해 월등히 실력이 향상되어 가고 있고 기록도 점점 좋아지고 있습니다. 그러나 서구 여러 나라의 선수에 비해 실력에서나 체격면에서 많이 떨어져 있습니다. 세계 대회에 나가서도 서양 선수뿐 아니라, 먼저 가까운 중국이나 일본 선수에 뒤지지 않도록 더욱 노력해아겠습니다. 이제 한창 성장하고 있는 수영 꿈나무들에게 기대를 걸어 봅니다.

2. 수영은 효과적인 전신 운동이다.

　수영이란, 물에 떠서 손발을 움직이고, 호흡을 하면서 나아가는 스포츠로 자유형, 배영, 평영, 접영의 네 가지 영법이 있습니다. 계영 이외에는 개인 종목으로 만약 50m를 40초 정도에 헤엄칠 수 있는 사람이라면, 그 40초 동안은 자기만의 세계에 빠져들 수 있는 멋있는 스포츠입니다.
　또, 수영은 물 속에서 전신을 사용하는 운동이므로 짧은 시간에 많은 에너지를 소비합니다. 그 때문에 심장이나 폐의 기능이 향상되어 천식이나 화분증 등 질병의 치료에도 효과가 있습니다.
　예전에 우리들이 수영을 배우게 되는 계기는 근처의 못이나 냇물에서 친구들과 물장난을 하거나 높은 다리 위에서 뛰어내리거나, 거센 흐름에 몸을 맡겨 떠내려가거나 하는 등의 놀이를 통해서였습니다.
　그야말로 하루 종일 식사 시간도 잊어버리고 물 속에서 놀면서 물이란 이러한 특성이 있구나 하고 자연스럽게 몸으로 배운 것입니다. 힘을 넣으면 몸이 가라앉고, 힘을 빼면 몸이 둥둥 뜨고……. 물고기는 사람보다 훨씬 빠르게 헤엄치므로 쫓아가도 좀처럼 잡을 수 없고……. 위험한 일이나 해서는 안 되는 일 등도 나이 많은 어른에게서 배울 수 있었습니다.
　그러나, 요즈음의 어린이들은 거의가 수영장에서 수영을 배웁니다. 수영장에는 많은 사람들이 출입하므로, 안전하고 즐겁게 수영하기 위해서는 아무래도 규칙이 필요하게 됩니다.
　몸의 상태는 어떤지, 열은 없는지, 유행성 눈병이나 피부병은 없는지, 수영복, 목욕 수건, 물안경, 모자 등을 갖추었는지 확인해야 합니다.

 물에 들어가기 전에는 준비 운동을 해서 몸을 따뜻하게 해야 합니다. 이것은 물에 갑자기 들어가서 심장이 놀라지 않도록 하고, 근육의 경련(크램프)이나 부상을 방지하기 위해서입니다. 무릎을 굽혔다 폈다 하거나, 뛰거나, 발목이나 허리를 빙글빙글 돌리거나 하여, 몸 전체의 근육을 풀어 주는 준비 운동을 반드시 해야 합니다. 갑자기 물에 들어가서 다치면 큰 손해입니다.

 미리 샤워를 하고 체조를 하는 곳도 있는데, 젖은 몸으로 체조를 하기보다는 체조를 해서 땀이 난 다음에 샤워를 하는 것이 몸에 좋고, 위생적으로도 좋습니다.

▲ 준비 체조는 반드시 하자.

3. 숨쉬기는 복식 호흡을 사용한다.

 수영에서 숨쉬기는 매우 중요한 운동인데, 초보자든, 선수이든 가장 힘들어 하는 부분입니다.
 보통 사람이 육상에서 호흡할 때에는 흉식(胸式) 호흡을 하지만, 수영에서는 복식(腹式) 호흡을 합니다. 알기 쉽게 말하면, 배로 숨을 쉬는 것입니다.
 물에 떠 있는 상태로 가슴에 받는 수압은 상당한 것입니다. 가슴과 배의 근육을 사용하여 코에 물이 들어가지 않도록 입은 다물고 허밍(Humming)하면서 숨을 내쉬고, 옆을 향하여 '흡' 하면서 들이쉬는데, 이 타이밍이 기록에 크게 영향을 주고, 초보자인 경우 물에 대한 공포심과도 연관되어 있습니다.
 사람은 태어나면 즉시 무의식적으로 코로 숨을 들이쉬고 내쉬

▲ 수영과 요가의 호흡법은 복식 호흡.

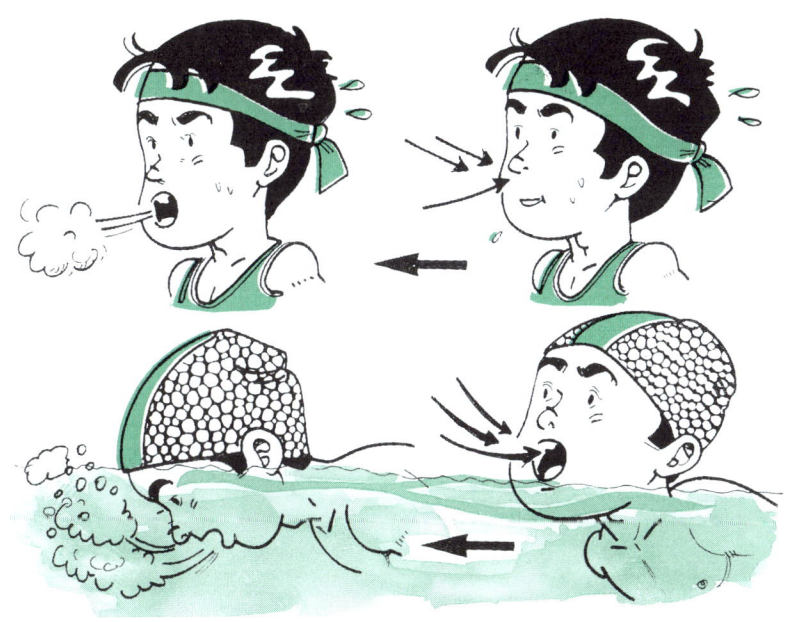

▲ 마라톤과 수영의 호흡법은 다르다.

게 되어 코로 숨을 쉬는 게 몸에 익숙해집니다. 그래서 감기가 들어 코가 막히면, 입으로 숨을 쉬는 것이 매우 괴롭게 느껴집니다. 또한, 그 때문에 목이 아파집니다.

　마라톤의 호흡은 코로 들이쉬고 입으로 내쉬는데, 수영은 그 반대로 입으로 들이쉬고 코와 입으로 내쉽니다. 들이쉴 때에는 단번에 들이쉬고, 내쉴 때에는 물 속에서 조금씩 내쉬면서 마지막에 세게 내쉬도록 합니다.

　초보자는 걸으면서 연습해 보십시오. 선수들은 다시 한 번 호흡의 타이밍이 잘 되어 있는지 점검해 주십시오. 주니어 올림픽에 출전할 정도의 선수라도 분위기에 압도당하여 호흡법을 잊어버리고 괴로워하는 광경을 흔히 볼 수 있습니다.

Part 1 SWIMMING
물을 두려워하지 말자

▲ 호흡법을 잊어버리는 경우.

● 어드바이스 ●

 입 속에 물이 많이 들어있는 채로 옆을 향하여 호흡하면 물을 마시거나, 물이 입 속에 있어서 호흡을 할 수 없게 됩니다.
 입 속은 비워 두고 옆을 향하여 호흡해 봅시다. 물 속에서는 코로 '흠―'하고 소리를 내면서 숨을 내쉬도록 하면 좋을 것입니다.

Part 1 SWIMMING
물을 두려워하지 말자

4. 물의 성질을 알고 익숙해지자.

 이제부터 물 속으로 들어가는데, 먼저 명심해야 할 것이 있습니다. 물은 생물입니다. 물을 자기편으로 하느냐 적으로 하느냐는 자기의 마음가짐에 달려 있습니다. 부드럽고 자연스럽게 다루면 자기편이 되어 주고, 거칠게 다루면 그 2배, 3배의 힘으로 저항해 옵니다.
 우리들이 생활하는 데 없어서는 안 될 물. 단지 마시는 것뿐만 아니라, 그 성질을 잘 알고 연구할 필요가 있습니다.
 목욕탕에 들어갔을 때, 얼굴을 물에 대 보십시오. 어떤 기분이 듭니까? 손을 움직여서 물이 어떻게 움직이는지, 어떤 파도가 일어나는지……. 탕물에 머리까지 담가 보면 더욱 잘 알 수 있습니다.
 수영장에서도 똑같이 머리를 담가 보면 좋은데, 목욕탕과 수영

▲ 목욕탕에서 물에 익숙해지자.

Part 1 SWIMMING
물을 두려워하지 말자

장의 차이는 두 가지가 있습니다.

하나는 수온입니다. 목욕탕은 약간 미지근하더라도 40도 가까이 되지만, 옥외 수영장은 25~29도 정도입니다. 그 때문에, 수영장에 들어가면 몸이 깜짝 놀라서 심박수가 높아지고 숨이 가빠지는 것을 느낍니다.

다른 하나는 넓이입니다. 물의 양이 약간 큰 가정집의 목욕탕은 약 1톤 정도, 25m의 풀일 경우에는 450톤 정도가 됩니다. 그 넓이가 우리들에게 주는 불안감, 그리고 몸이 느끼는 수압의 차이는 굉장한 것입니다.

▲ 머리까지 물 속에 담글 수 있어요?

5. 물 속에서 하는 놀이를 통해 물과 친해지자.

공원이나 놀이터에 갔을 때, 자기 스스로 놀이를 찾습니까? 그렇지 않으면 철봉이나 그네 등, 공원에 설치되어 있는 놀이 기구를 그대로 이용합니까? 같은 놀이라도 이 두 가지 의미는 매우 다릅니다. 설치되어 있는 것만으로 만족하지 않고 자기가 놀이를 만드는 사람은 꼭 물 속에서 할 수 있는 놀이도 생각해 보십시오.

어린이라면 수영장의 얕은 곳에서 손을 짚고 기어 가는 '악어걸음', 무릎을 굽히고 옆으로 기어 가는 '게걸음' 등의 놀이가 있습니다. 조금 나아가서는 '수중 달리기', '수중 가위바위보', '수중 눈싸움', '보물찾기', '수중 술래잡기' 등을 할 수 있습니다. 친구들과 놀면서 물과도 친구가 됩시다.

놀이를 하는 도중에 얼굴에 물이 뿌려졌을 때 눈을 뜨려면, 손으로 문질러서는 안 됩니다. 눈을 두서너 번 깜박깜박하면 되므로 이것에 익숙해지도록 합시다.

물 속에서 보물찾기 놀이를 할 때에는 물 속이라도 눈을 떠야만 합니다. 보물을 찾고 있을 때, 자기의 손이나 발이 놀라울 정도로 크게 보이고, 겨우 찾은 보물을 물 위로 들어 올리면, 물 속에서는 크게 보이던 것이 작은 것이었음을 알고 실망하는 등 여러 가지 새로운 발견을 할 수 있습니다. 이렇게 놀다가 피로하면 쉬고, 또 놀고, 몇 번 반복하는 가운데 차츰 물에 익숙해지고 그 성질 등을 알게 됩니다.

물에 익숙해지려면 어쨌든 물에 있는 횟수를 많이 늘리는 것이 제일입니다. 횟수를 거듭하려면 역시 물에 있는 것이 즐거워야 하므로 자기만의 즐거움을 발견하도록 하십시오.

● 여러 가지 수중 놀이

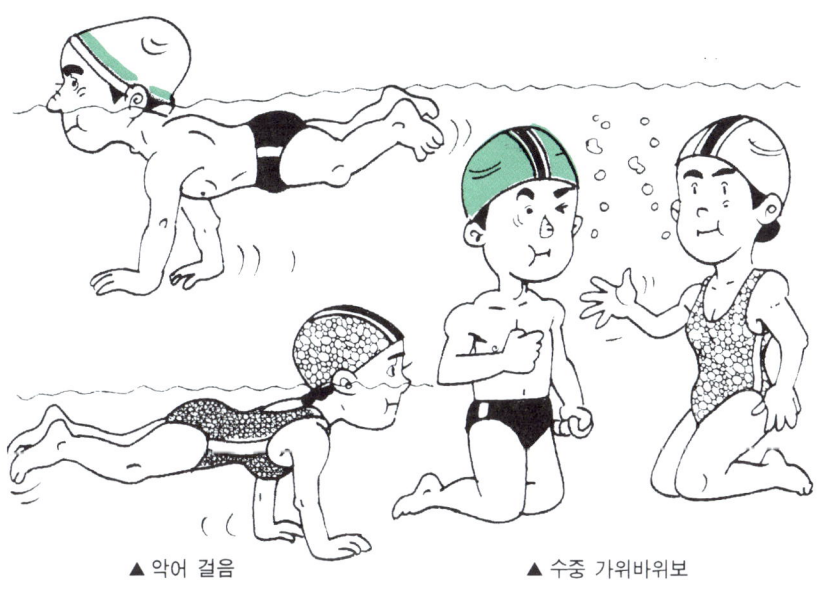

▲ 악어 걸음　　　▲ 수중 가위바위보

▼ 보물찾기

▲ 수중 눈싸움

6. 물에 뜨는 연습은 천천히 하자.

　사람은 누구든지 물에 뜹니다. 물 속에서는 자기의 체중에 상당하는 부력을 받기 때문입니다. 이것은 아르키메데스의 원리에 의해 증명된 것입니다.
　그렇지만, 방법이 서투르면 가라앉아 버립니다. 사람이 물에 뜨려면, 몸 전체를 수면에 뜨게 하여 미묘한 균형을 잡을 필요가 있습니다.
　물에 뜨는 연습법을 설명하겠습니다.
　먼저, 풀 사이드를 양손으로 잡고, 어깨까지 물에 잠기게 합니다. 다음에 얼굴을 물에 대고 양발을 수영장 밑바닥에서 살짝 떼어 몸 전체가 수면 위에 뜨도록 합니다. 서두르지 말고 몇 번 반복해서 해 봅시다.
　잘 뜨게 되면 다음은 뜬 자세에서 서는 연습을 합니다. '이렇게 얕은 곳에서……'라고 생각되는 곳에서 물에 빠지는 사람이 많이 있는데, 그것은 바로 서지 못하기 때문입니다.
　뜬 자세에서 몸을 일으켜 세울 때에는 앞으로 뻗어 있는 양손 바닥으로 물을 아래로 밀면서 동시에 무릎을 굽혀 가슴 쪽으로 붙이듯이 하여 그대로 발을 아래로 내려 바닥을 딛고 마지막에 머리를 일으키고 섭니다.
　무릎이 완전히 굽혀지지 않은 상태에서 발을 뻗으면 발이 바닥에 닿지 않거나, 미끄러지게 되므로 몸이 완전히 선 다음에 발을 뻗도록 연습합시다.
　또 양 무릎, 양팔은 반드시 함께 움직여야 하고 머리를 들 때에는 천천히 드는 것이 중요합니다. 허둥지둥 머리를 빨리 들면, 얼굴에 물이 가득 묻어서 숨을 쉴 수 없게 되므로 주의하십시오.

● 뜰 때에는

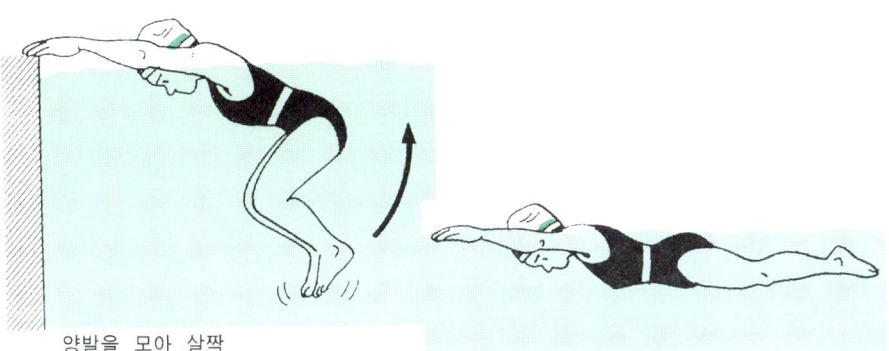

양발을 모아 살짝 위로 올린다.

수면까지 몸을 뜨게 한다.

● 일어설 때에는

양 무릎을 모아 가슴에 당긴다.

손으로 물을 아래로 밀면서 머리를 들어 올린다.

손발이 따루따루 놀아서는 잘 설 수 없디.

Part 1 SWIMMING
물을 두려워하지 말자

7. 물에 뜨게 되면 벽을 차고 나아가자.

풀 사이드를 잡고 뜰 수 있고, 손을 놓고 설 수 있게 되면, 이제는 벽을 차고 앞으로 나아가 봅시다.

먼저, 수영장 벽에 등을 돌리고 어깨까지 물에 담급니다. 양팔은 수면 앞으로 뻗고, 얼굴을 살짝 물 속에 담급니다. 이 상태로 벽을 차면 수면을 미끄러지듯이 앞으로 나아갈 수 있습니다.

시선은 바로 아래나 약간 앞쪽을 봅니다. 팔은 뻣뻣하게 펴지 말고, 자연스럽게 앞으로 뻗습니다. 귀가 팔에 가려 옆에서는 보일까 말까 할 정도가 좋습니다. 다리도 적당히 힘을 뺀 상태로 똑바로 뻗어야 합니다.

또 하나 중요한 것은 허리의 위치입니다. 너무 뜨지 않고, 너무

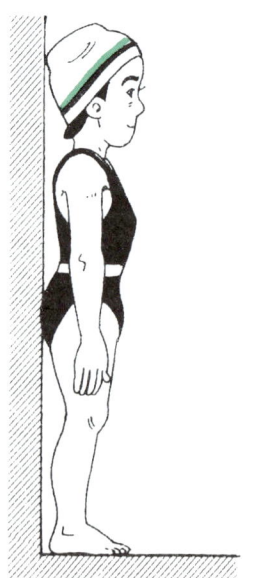

▲ 물에 들어가기 전에 바른 자세의 느낌을 파악하자.

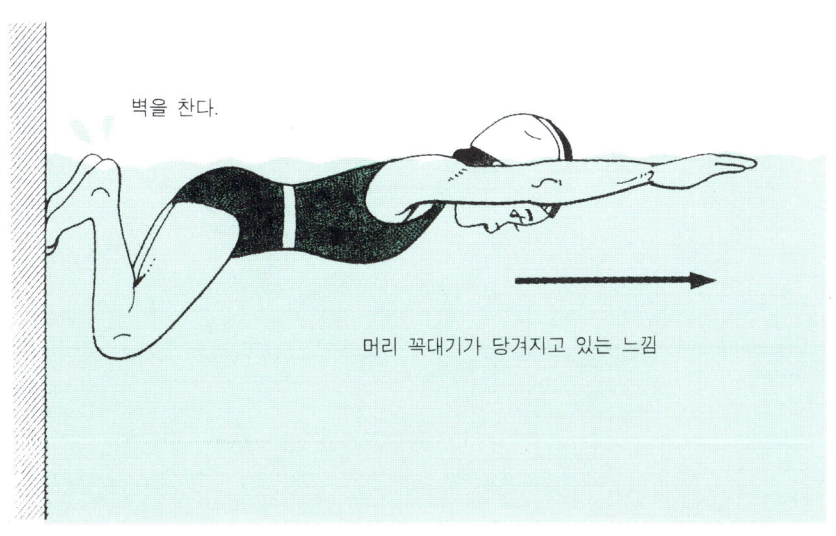

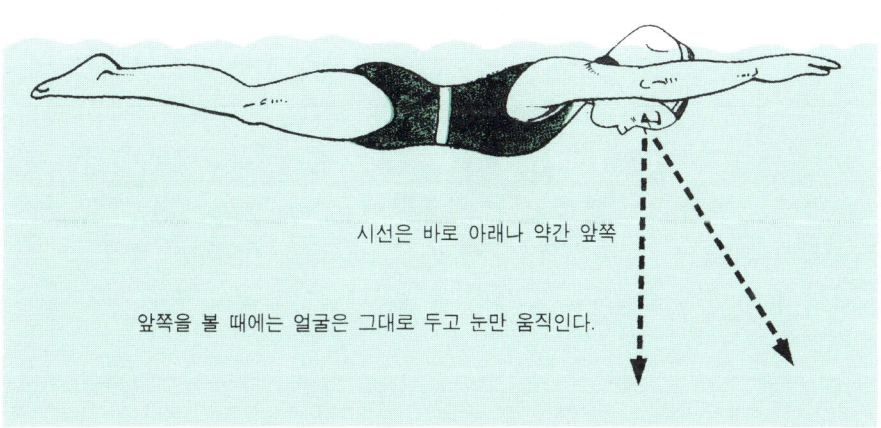

▲ 벽을 차고 나아가자.

Part 1 SWIMMING
물을 두려워하지 말자

▲ 바른 폼이라면, 발로 한 번 차는 것만으로 5~6m는 나아간다.

가라앉지도 않고, 손발과 일직선이 되어야 합니다. 그러기 위해서는 배꼽과 등에 고르게 힘을 분배해야 합니다. 어느 한쪽이 너무 강하거나 너무 약하면 수평을 유지할 수 없습니다.

바른 자세를 몸에 익히면, 한 번 차는 것만으로 가볍게 5~6m는 나갈 수 있습니다. 만약 2~3m쯤 가서 멈추게 되면, 다시 한 번 똑바로 서는 연습을 하십시오. 반드시 잘 될 것입니다.

바른 자세를 유지하는 것은 물로부터 받는 저항을 최소화함과 동시에, 크롤을 잘 하기 위한 중요한 포인트가 됩니다.

여러 번 연습을 하여 될 수 있는 대로 멀리 나아가도록 합시다.

▲ 나쁜 자세 ①

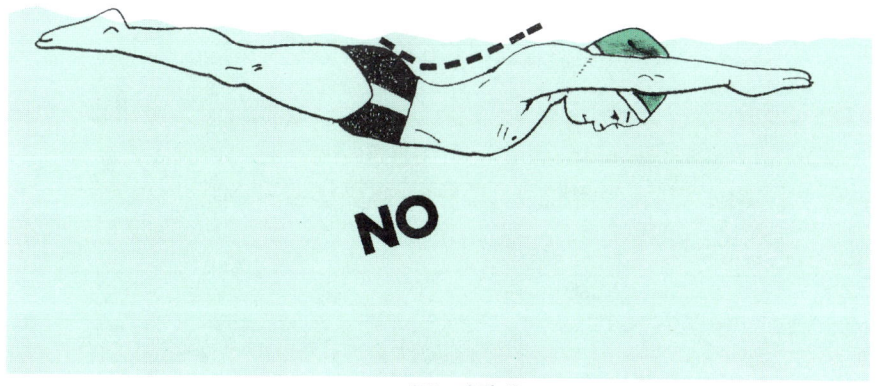

▲ 나쁜 자세 ②

8. 초보자는 앉아서 하는 킥 연습부터 하자.

 벽을 차는 것만으로 5~6m를 나갈 수 있게 되면, 이번에는 거기에 발의 움직임을 더해 봅시다. 효과적인 킥을 하려면, 발목을 될 수 있는 대로 뻗어서 넓적다리로부터 움직이는 것이 중요합니다.
 여러 가지 연습 방법이 있으나 초보자는 '앉아서 하는 킥'부터 시작하는 것이 좋을 것입니다.
 먼저 풀 사이드에 걸터앉아서 손을 뒤쪽에 짚고 상체를 약간 뒤로 젖힙니다. 발목의 힘을 빼고, 양발 끝을 약간 안쪽으로 향한 채 오른발과 왼발을 교대로 수면까지 들어 올립니다.
 그때 발의 상태를 잘 관찰하여 주십시오. 발등에 물이 걸리고

▲ 킥은 넓적다리에서부터 시작하는 것이다.

▲ 발목의 힘을 빼고, 발등이 휘는 느낌이 들도록 킥한다.

있습니까?

　물의 저항에 의하여 힘을 뺀 발등이 휘는 느낌이 들면 성공입니다. 발을 수면까지 들어 올렸을 때, 발가락 끝이 수면 위로 나오면 발목의 힘을 덜 뺀 증거입니다.

　나는 중학교 시절에 "너의 발은 누구보다도 유연한 발이기 때문에 조금만 연습하면 강하게 될 것이다"라는 말을 들었는데, 친구들과 킥 시합을 해 보고, 단연 남들보다 앞섰던 기억이 있습니다. 발목의 유연성은 킥을 할 때에 매우 중요하므로 잘 기억해 두십시오.

　또 하나 주의할 것은 발을 아래로 차내릴 때에 힘을 넣는 것이 아니라, 차올릴 때에 힘을 넣는 것입니다. 그리고, 차내릴 때에는 무릎을 약간 굽히고, 차올릴 때와 마지막에는 무릎에 힘을 넣습

Part 1 SWIMMING
물을 두려워하지 말자

니다.

 이 연습은 크롤과 배영을 할 때의 킥과 연관되므로, 확실히 익히도록 합니다.

 상체를 뒤로 젖힌 자세로 킥을 잘할 수 있게 되면, 다음에는 상체를 90도까지 일으켜 세워서 합니다. 상체를 뒤로 젖히고 킥하는 것보다 이것이 약간 더 힘든 운동이 됩니다.

▲ 발가락 끝이 수면 위로 나오면 안 된다.

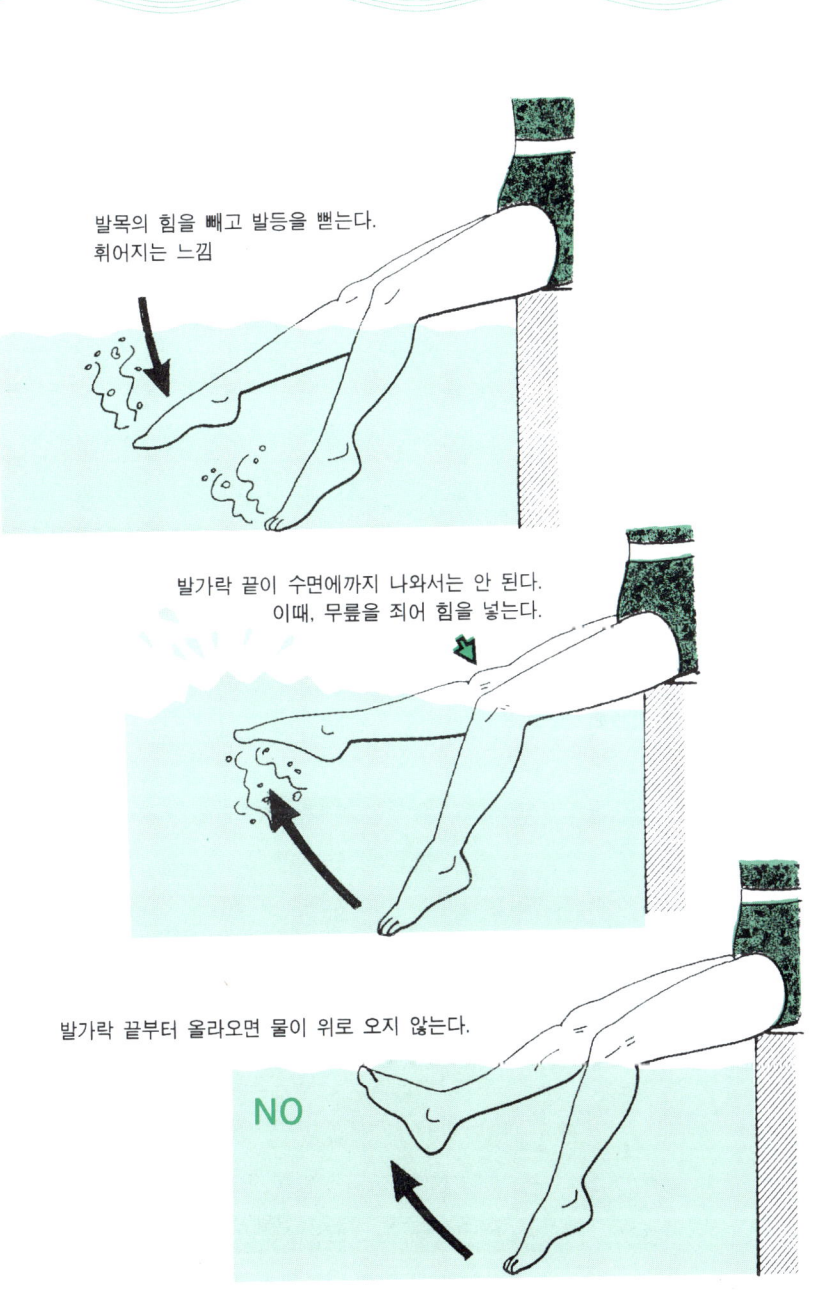

9. 풀 사이드를 잡고 킥하는 연습을 하자.

'앉아서 하는 킥'의 다음에는 '풀 사이드를 잡고 킥하기'입니다.

이 연습에서는 정확하고 크게 킥하도록 해야 합니다. 넓적다리에서부터 크게 움직여 발목을 휘게 한 후 발등으로 비스듬히 뒤로 물을 차는 것이 이상적입니다.

물장구치기는 잘하더라도 발의 움직임이 제멋대로이면, 연습의 의미가 없습니다. 제자리뛰기와 같은 킥, 통나무가 상하로 움직이고 있는 것과 같은 킥, 경련을 일으킨 것과 같은 뻣뻣한 느낌의 킥으로는 몸이 앞으로 나아가지 않습니다.

잘 되지 않는 사람은 다시 한 번 '앉아서 하는 킥의 연습'을 해 보십시오. 손으로 발의 움직임을 해 보는 것도 좋을 것입니다.

오른쪽 발과 왼쪽 발을 교대로 움직여, 차내리는 순간과 차올

▲ 정확하고 크게 킥하기.

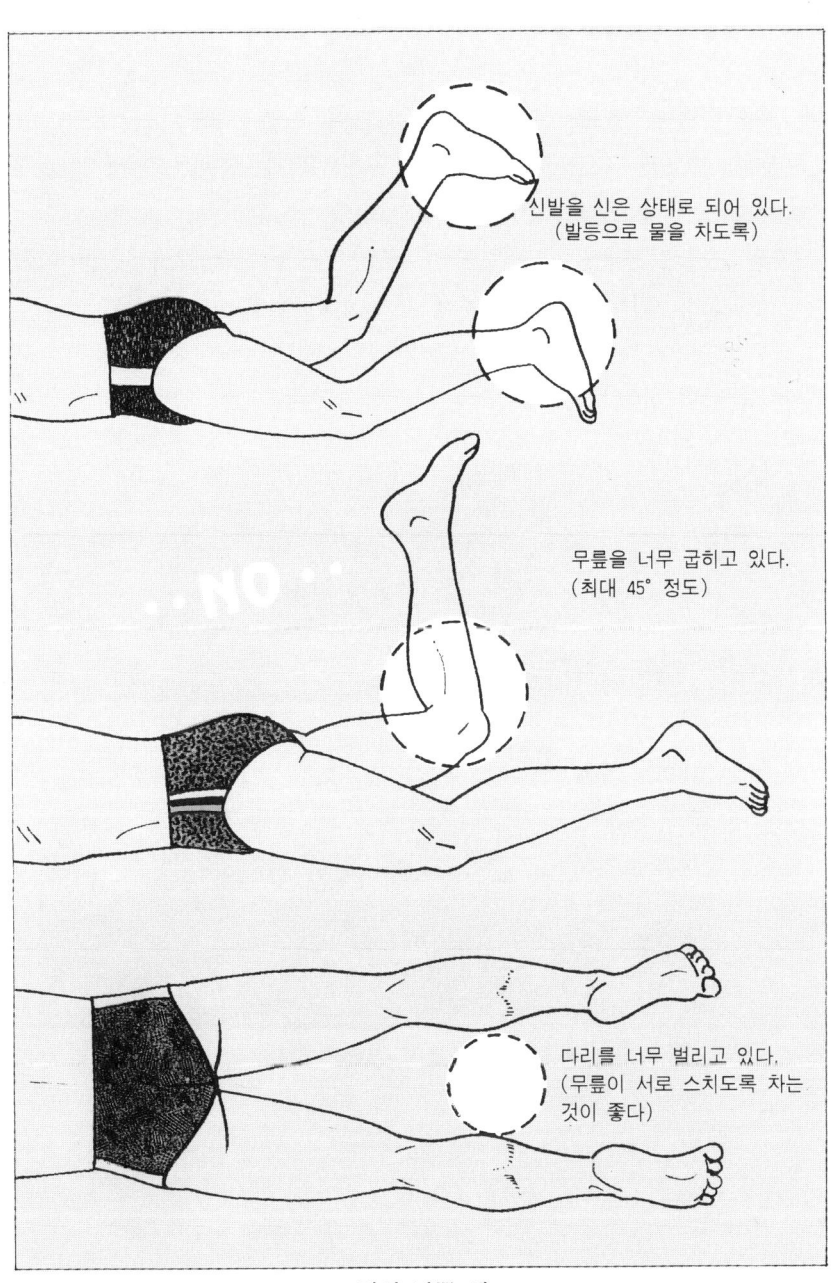

▲ 킥의 나쁜 예.

Part 1 SWIMMING
물을 두려워하지 말자

리는 순간이 대략 같은 타이밍이 되도록 연습합니다.

 '풀 사이드를 잡고 킥하기'를 정확히 할 수 있게 되면, 그 자세에서 호흡 연습도 해 보십시오.

 머리를 들고 입으로 숨을 들이쉬고, 물 속에서 입과 코로 동시에 내쉬도록 합니다. 내쉴 때에는 한꺼번에 내쉬는 것이 아니라, 조금씩 내쉬다가 얼굴을 들기 직전에 마지막으로 전부 내쉬도록 해야 합니다.

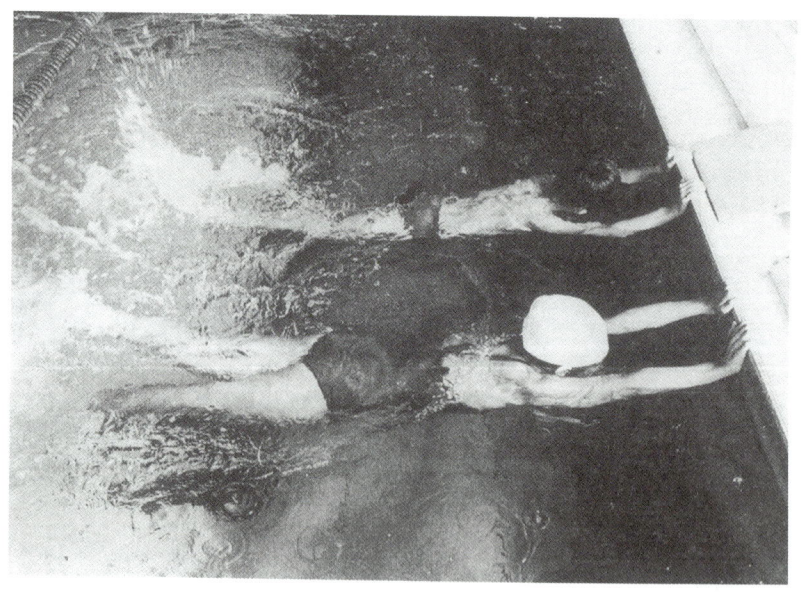
▲ 킥과 함께 호흡 연습도 하자.

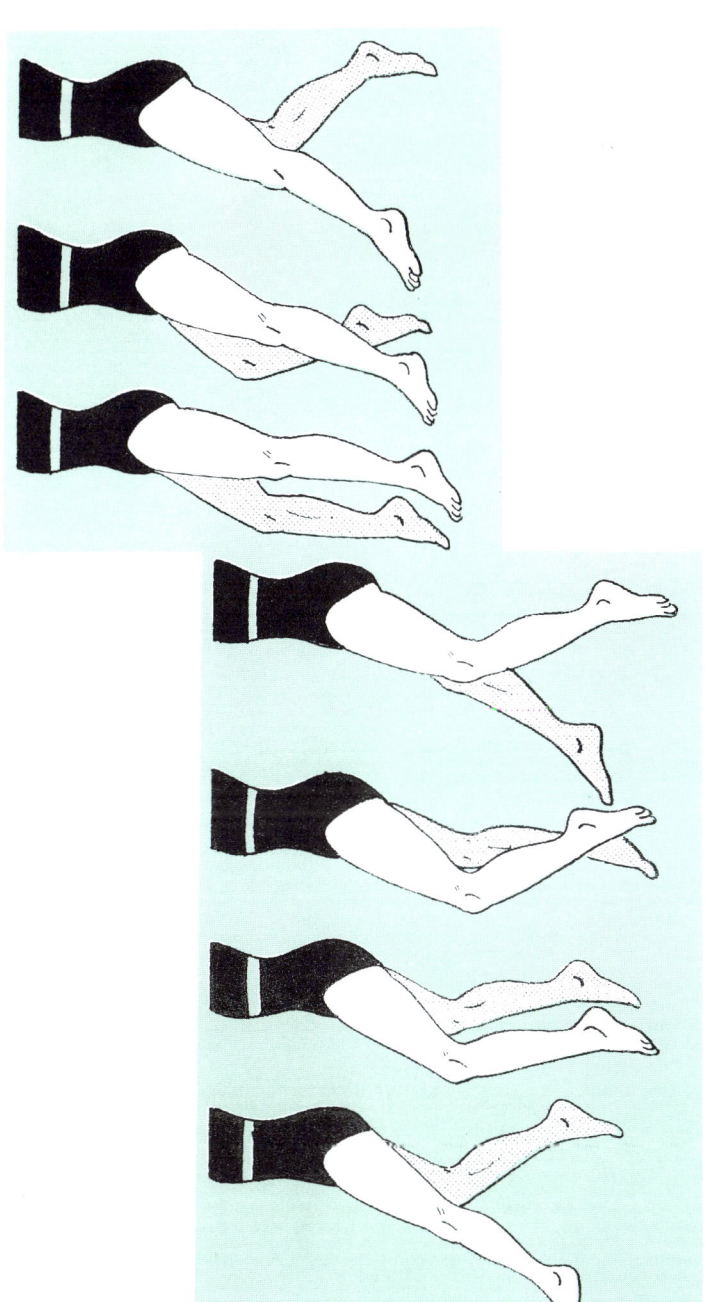

▲ 바른 킥을 확실히 연습해 둔다.

10. 비트판을 이용한 킥 연습.

 풀 사이드를 잡고 능숙하게 킥을 할 수 있게 되면, 이번에는 비트판을 가지고 킥 연습을 합니다.
 비트판은 일류 선수가 되어도 매일 사용하는 도구입니다. 비트판을 손으로 잡고 발이 유연하게 움직이도록 발에만 집중하여 연습하거나, 넓적다리에 끼워서 팔동작을 연습하거나, 또는 폼을 교정하는 데에도 큰 도움이 됩니다.
 가장 쉬운 사용 방법은 비트판을 양팔로 껴안듯이 잡는 방법인데, 이렇게 하면 부낭과 똑같이 간단히 뜰 수 있습니다.
 능숙해짐에 따라 차츰 앞쪽을 잡도록 하고, 나중에는 비트판

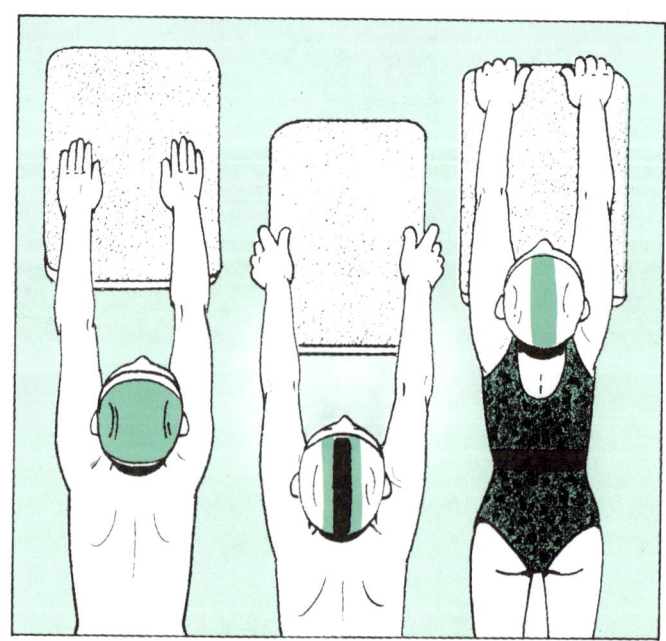

▲ 비트판을 잡는 여러 가지 방법.

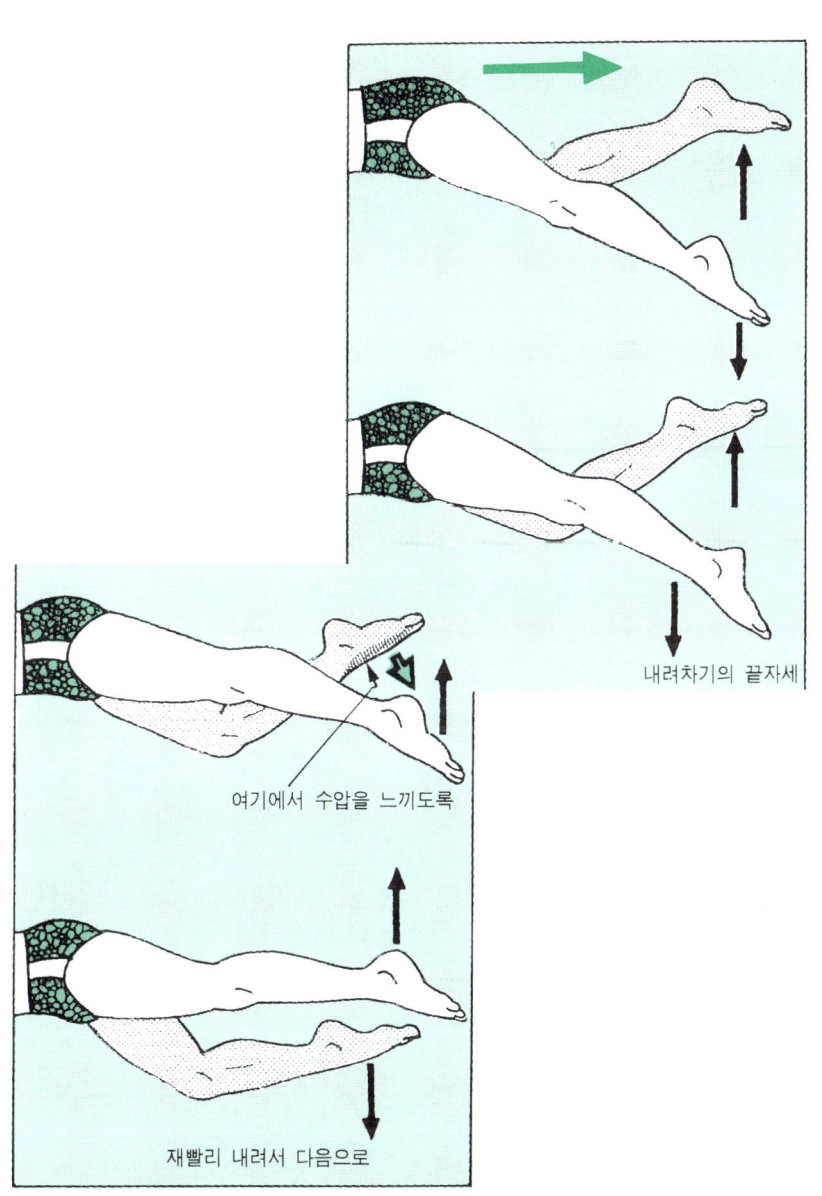

▲ 킥은 발등으로 물을 뒤로 미는 듯한 느낌으로 한다.

Part 1 SWIMMING
물을 두려워하지 말자

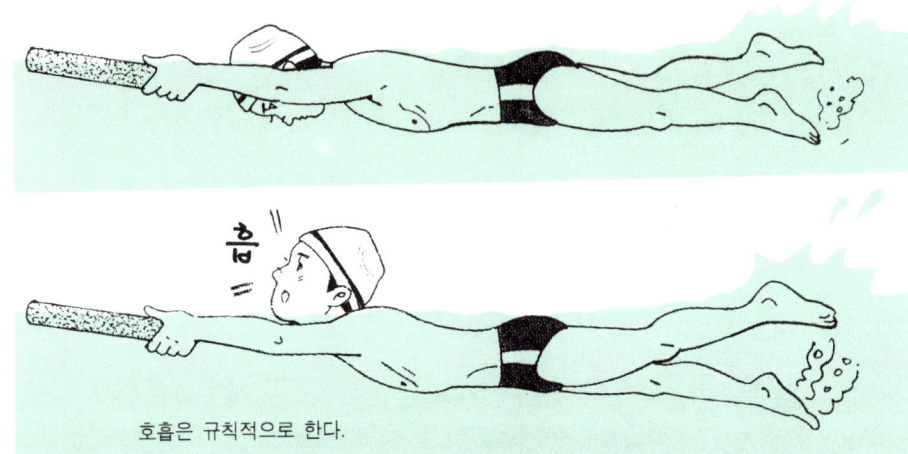

▲ 비트판을 이용한 킥과 호흡의 연습.

위에 가볍게 손을 얹기만 합니다. 이 연습은 부력이 아니라 킥의 힘으로 몸을 뜨게 하는 것이 목적입니다.

킥은 '풀 사이드 잡고 킥하기'일 때와 똑같이 유연하게 넓적다리로부터 크게 움직여야 합니다. 여기서 중요한 것은 발목을 부드럽게 하여 발등으로 물을 뒤로 미는 듯한 느낌으로 킥을 하는 것입니다. 킥이 끝나기 직전에 무릎이 올라가기 시작하여, 킥이 끝났을 때에는 넓적다리부터 발가락 끝까지가 일직선이 되도록 합니다. 이때 장딴지가 모두 물 위로 나와서는 안 됩니다.

호흡의 방법은 얼굴을 물에 넣고 '하나, 둘'에서 입과 코로 조금씩 숨을 내쉬고, '셋'에서 한꺼번에 내쉬고, '넷'에서 머리를 든 후 입만으로 숨을 들이쉽니다.

● 어드바이스 ●

　왼쪽 면의 호흡법 외에, '하나, 둘'에서 숨을 죽이고, '셋'에서 푸푸하면서 세게 숨을 내쉬고, '넷'에서 흡하면서 들이쉬는 호흡법도 있습니다.
　시합에서 라스트 스퍼트를 할 때 이 호흡법을 쓰면 뱃속으로부터 힘을 내고 있는 것 같은 느낌이 듭니다.
　예를 들면, 무거운 것을 들어 올리거나 할 때에 일순간 숨을 죽이고 힘을 내지요. 그런 때의 느낌을 생각해 보십시오.
　초보자일 때에는 어느 호흡법이라도 좋을 것입니다. 다만, 코로 물이 들어가기 쉬우므로 처음에는 코로 숨을 내쉬는 것을 배워 두는 것이 좋습니다.
　어쨌든, 자기에게 맞는 호흡의 리듬을 익혀 두십시오.

11. 발목은 최대한 부드럽게 하자.

 균형있게 헤엄치려면, 팔의 동작과 킥의 콤비네이션이 잘 되어야 합니다.
 지금까지 물 속에서의 킥 연습 방법을 설명해 왔습니다. '앉아서 하는 킥'과 '풀 사이드 잡고 킥하기', 그리고 '비트판을 사용한 킥'이었는데, 여기서 다시 한 번 복습을 합시다.
 킥에서 중요한 것은 발로 물을 차올릴 때에는 무릎을 펴고, 차내릴 때에는 무릎을 굽히는 것입니다. 어느 쪽이나 발목을 부드럽게 해야 하며, 특히 차내릴 때에는 발가락 끝을 힘껏 뻗도록 합니다. 회초리와 같이 유연하게 발등으로 물을 뒤로 미는 듯한 느낌만 파악할 수 있으면 됩니다.
 보통 걸을 때의 발목은 약 90도 정도로 굽어 있습니다. 일상 생활에서 정좌할 때를 제외하고는 발목을 90도 이상으로 뻗는 일은 좀처럼 없습니다.
 그러나, 헤엄칠 때에는 발목을 될 수 있는 대로 뻗고, 뒤집으면서 물을 차는 형태가 됩니다. 걸을 때와 마찬가지로 발목을 굽힌 채로 킥하는 것은 평영뿐입니다.
 바른 킥을 몸에 익히기 위해서는 평상시에 발목을 부드럽게 하는 운동을 해 두는 것이 중요합니다.
 먼저, 바닥 위에 책상다리로 앉아서, 왼손으로 왼발목을 잡고, 오른손으로 왼발 끝을 잡아 빙글빙글 회전시킵니다. 반대쪽 발도 똑같이 합니다.
 다리를 뻗고, 발목을 굽혔다 폈다 하는 운동도 효과적입니다. 뒤로 누워서 발끝이 바닥에 닿을 정도가 되면 성공입니다.

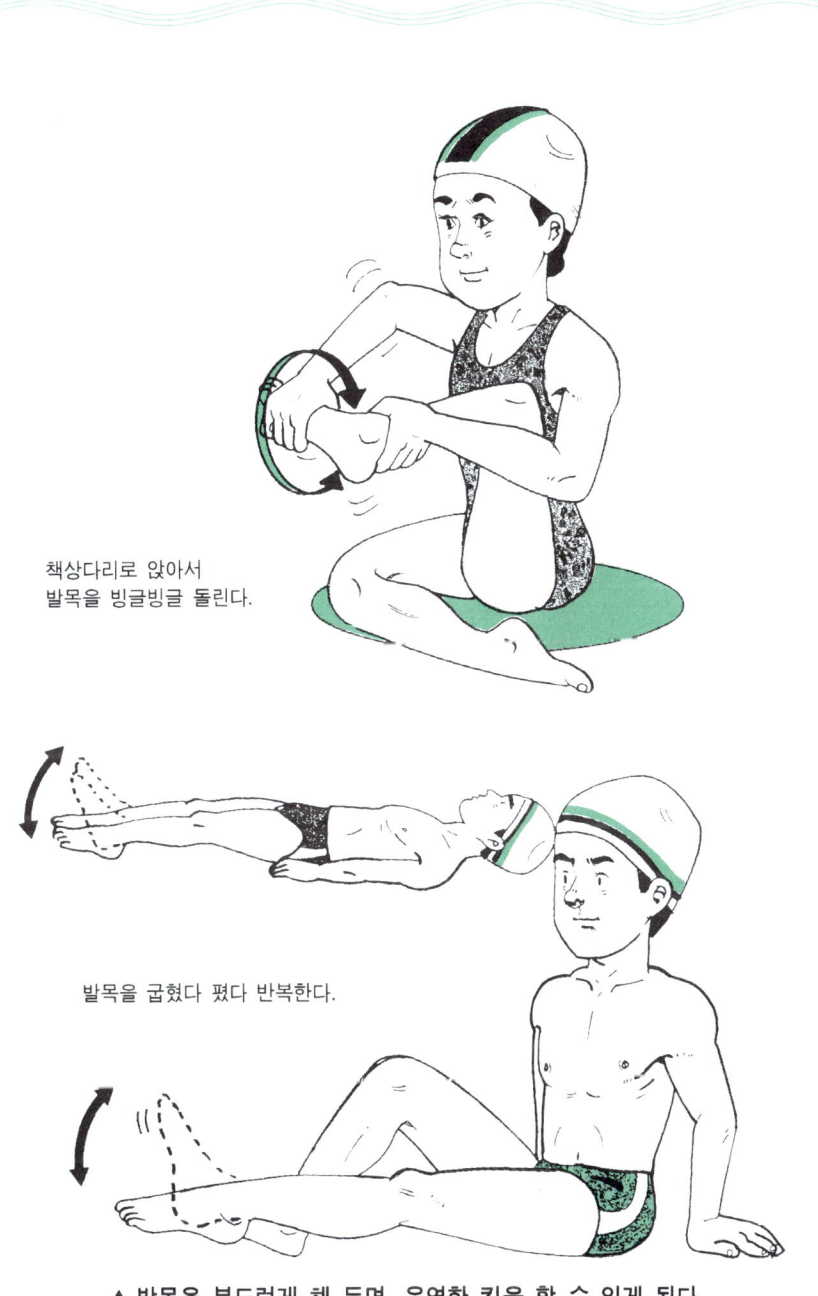

책상다리로 앉아서
발목을 빙글빙글 돌린다.

발목을 굽혔다 폈다 반복한다.

▲ 발목을 부드럽게 해 두면, 유연한 킥을 할 수 있게 된다.

수영은 천식에 좋은 스포츠이다.

　수영은 천식의 치료에 매우 효과적입니다. 천식에 걸린 아이들은 보통 운동을 하는 것이 꽤 힘들지만, 체력을 향상시켜 건강한 몸을 만드는 데에 수영이 큰 도움이 됩니다. 수영이 천식에 좋은 이유는 호흡을 규칙적으로 하고, 숨을 천천히 깊게 내쉬거나 내뱉는 운동이기 때문입니다. 또 가벼운 수압이 기관지의 기능을 향상시키기도 합니다.
　실내에 있는 온수 수영장은 온도와 습도가 높아, 기관지에 별다른 자극을 주지 않으며 먼지가 적다는 것도 천식에 매우 좋은 환경입니다. 천식으로 고생하고 있는 친구들이 있다면 꼭 수영을 하도록 권해 보십시오.

가장 빠른 영법인 크롤

1. 영법의 진보로 단축되 가는 기록. ■ 42
2. 추진력의 대부분은 팔 동작에서 나온다. ■ 44
3. 롤링과 하이 엘보. ■ 48
4. 호흡은 롤링에 맞추어 한다. ■ 50
5. 킥은 발끝까지 유연하게 하도록 한다. ■ 54
6. 스타트가 승패를 결정한다. ■ 56
7. 턴은 몸을 오므리고 재빨리 한다. ■ 58

Part 2 SWIMMING
가장 빠른 영법인 크롤

1. 영법의 진보로 단축되 가는 기록.

킥이 숙달되었으면, 이제부터 자유형(크롤)의 연습으로 들어갑니다. 자유형이란 것은 문자 그대로 어떠한 영법을 취하더라도 상관없습니다. 다만, 대표적인 네 가지 수영법 중에서는 크롤이 가장 빨리 헤엄칠 수 있으므로 모두가 이 영법으로 헤엄치는 것뿐입니다.

자유형뿐만 아니라, 수영 기록은 해가 거듭될수록 단축되고 있습니다. 또 다른 스포츠에 비해 단축되는 속도가 놀라울 정도로 빠릅니다.

예를 들면, 육상의 100m 경기는 1초가 단축되는 데 수십년이 걸렸지만, 수영에서는 거의 매년 세계 신기록이 나오고 있습니다. 남자 100m 자유형에는 한때 '50초 벽'이란 것이 있었습니다. 그러나 그것도 1976년 몬트리올 올림픽에서 미국의 짐 몽고메리 선수에 의해 깨어졌고, 지금은 초속 2m의 시대로 들어와 있습니다.

이전의 크롤은 이러한 식이었으나…….

이와 같이 속도가 빨라진 가장 큰 이유는 물을 휘젓는 방법(풀)의 진보에 있습니다.

100년 정도 전까지는 팔을 물레방아 바퀴처럼 빙글빙글 돌리는 것뿐이었습니다. 그 후, 몸을 좌우로 흔드는 기술(롤링)이 개발되어 어깨를 앞뒤로 뻗음으로써 손이 훨씬 앞으로 뻗어서, 한 번의 풀로 많은 양의 물을 끌어당길 수 있게 되었습니다.

그러한 풀도 이전에는 팔을 똑바로 뻗었지만, 지금은 팔꿈치를 굽혔다 폈다 하여, 손바닥이 물음표(?)를 거꾸로 한 것과 같은 형태로 바뀌고 있습니다.

▲ 수영 영법 중 가장 속도가 빠른 것이 크롤이다.

Part 2 SWIMMING
가장 빠른 영법인 크롤

2. 추진력의 대부분은 팔 동작에서 나온다.

크롤 영법에서 팔의 동작은 물 속에서 물을 손으로 젓는 것(스트로크)과 그 손을 원래의 위치로 되돌리는 것(리커버리)이 하나의 움직임으로 되어 있습니다. 크롤의 추진력은 대부분 이 팔의 움직임에 의해서 생깁니다. 킥은 몸의 균형을 유지하는 역할이 중점을 이루고 추진력을 크게 좌우하는 것은 아닙니다.

●손 젓는 방법●

캐치(손바닥으로 물을 잡는 것)
① 먼저 입수인데, 손은 손가락을 가볍게 오므립니다.

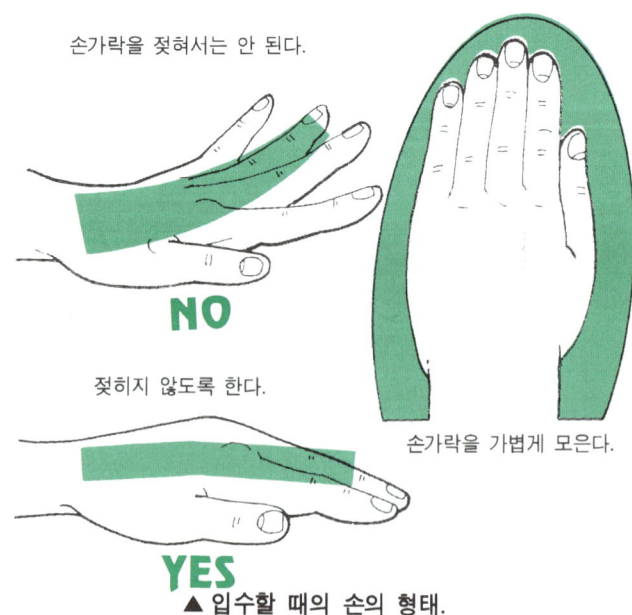

손가락을 젖혀서는 안 된다.
NO

젖히지 않도록 한다.
YES

손가락을 가볍게 모은다.

▲ 입수할 때의 손의 형태.

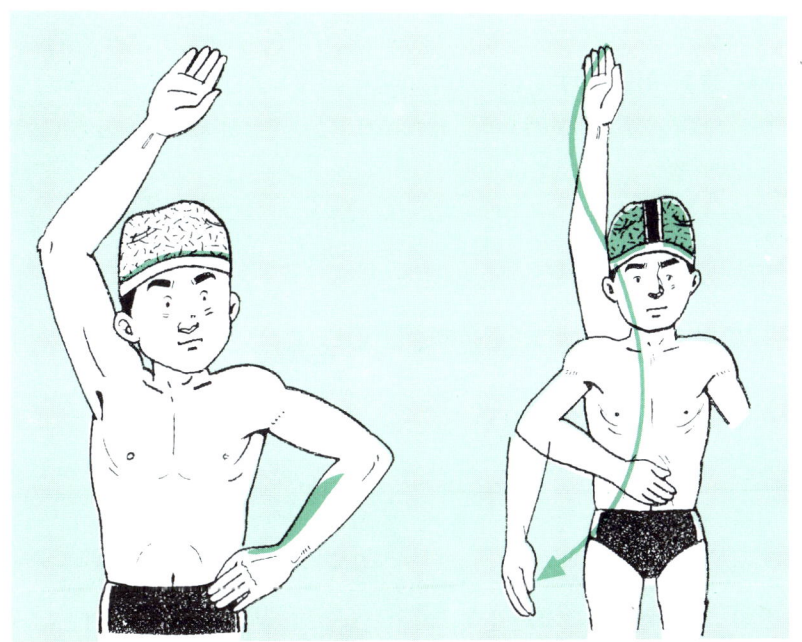

▲ 팔꿈치까지를 사용하여 젓는다.   ▲ 손이 지나는 길.

② 다음에 팔을 될 수 있는 대로 뻗고, 다시 물을 잡듯이 하여 물 속에 손가락(엄지손가락이 앞이 되는 느낌으로)을 밀어 넣습니다.
③ 손바닥으로 물을 누르듯이 하여 보트의 노와 같은 느낌으로 캐치합니다.
④ 손이 지나는 길은 위의 그림과 같이 됩니다.
⑤ 손바닥만으로 물을 젓는 것이 아니라, 팔꿈치까지 사용합니다.
⑥ 어깨의 바로 아래에서(롤링의 각도가 최대로 되어 있으므로) 팔꿈치가 90도로 굽어 있습니까?(이때, 다른 쪽의 손은 입수의 순간입니다.)
   자기 몸의 아래를 젓고 있습니까? 물에 지지 않도록 손목에 힘을 주고 있습니까?

Part 2 SWIMMING
가장 빠른 영법인 크롤

푸시(물을 미는 것)

⑦ 손바닥으로 캐치한 물을 놓치지 않도록 하여 한꺼번에 넓적다리 쪽으로 밉니다.

⑧ 마지막 푸시를 할 때 팔꿈치가 일순간 쫙 뻗을 때까지 젓고 있습니까?

리커버리(다 저은 팔을 앞으로 되돌리는 것)

⑨ 팔을 물에서 빼낼 때, 팔꿈치가 앞으로 나와 있습니까? 손끝부터 먼저 나오는 것이 아니라, 팔꿈치가 먼저입니다.

⑩ 다 저은 팔을 앞으로 가져올 때에는 팔의 힘을 빼고, 팔꿈치를 높게 하여, 몸에 가깝게 통과합니다. 재빨리 되돌리는 것이 중요합니다.

이 연습은 거울 앞에서 하거나, 수영장 안에서 걸어가면서 하면 효과적입니다. 팔의 움직임이 정확히 되고 있는지 확인하면서 연습하도록 합니다. 정확히 되면 얼굴을 물에 대고 헤엄칠 때에 바른 수영을 할 수 있습니다.

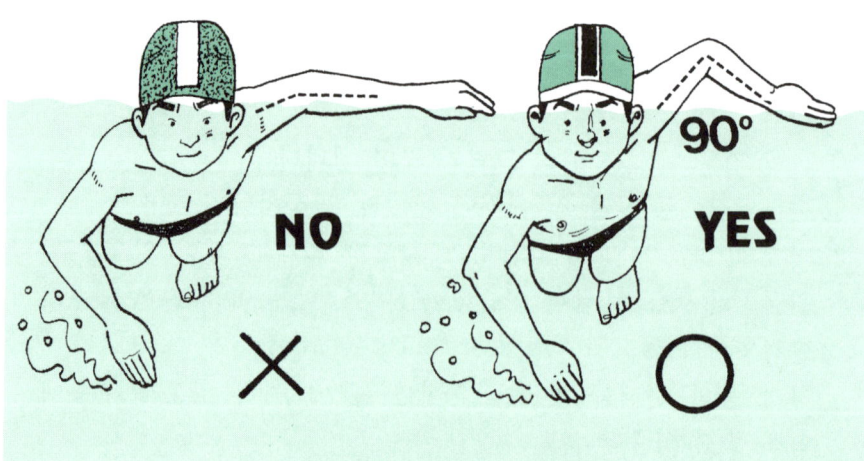

▲ 팔꿈치는 90°로 굽혀서 젓는다.

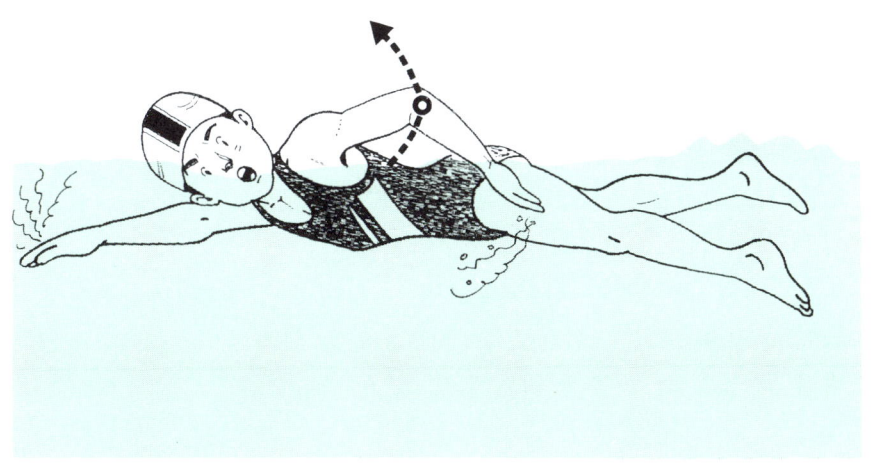

▲ 팔을 물에서 빼낼 때에는 손끝부터가 아니라 팔꿈치부터 먼저 나온다.

3. 롤링과 하이 엘보.

팔꿈치의 각도가 90도가 되었을 때 몸의 롤링도 최대가 되며, 수면에 대하여 45도 정도까지 기울일 수 있습니다. 롤링은 너무 커도 너무 작아도 안 됩니다.

몸의 중심선을 축으로 하여, 최대 45도 정도까지 회전시키는 것이 이상적입니다.

피니시의 포인트는 하이 엘보라고 하여 팔꿈치를 바깥쪽으로 들어 올리는 듯한 느낌으로 손끝보다 높은 위치에 유지하는 것입니다. 이렇게 하면 물을 힘차게 밀 수가 있습니다.

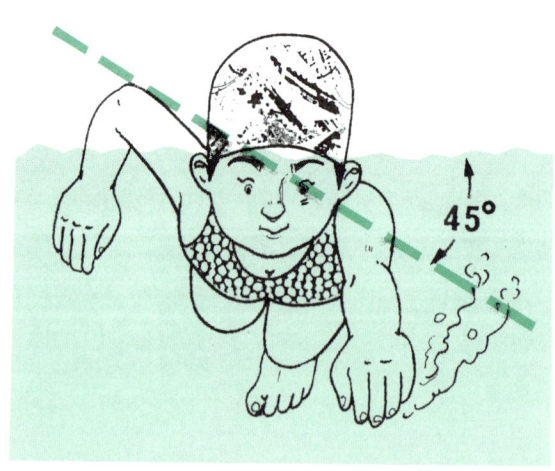

▲ 롤링은 수면에 대하여 약 45도까지 좌우로 몸을 기울인다.

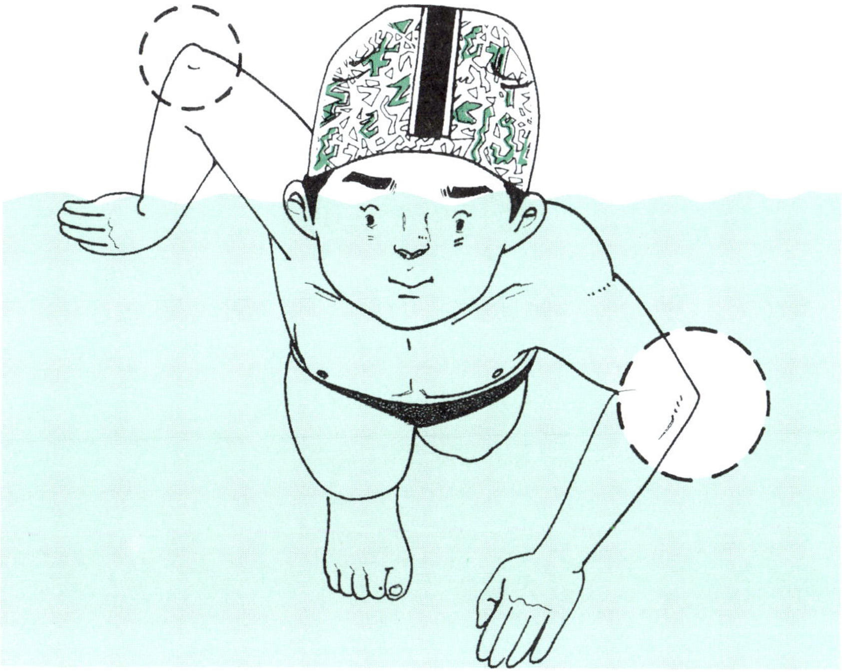

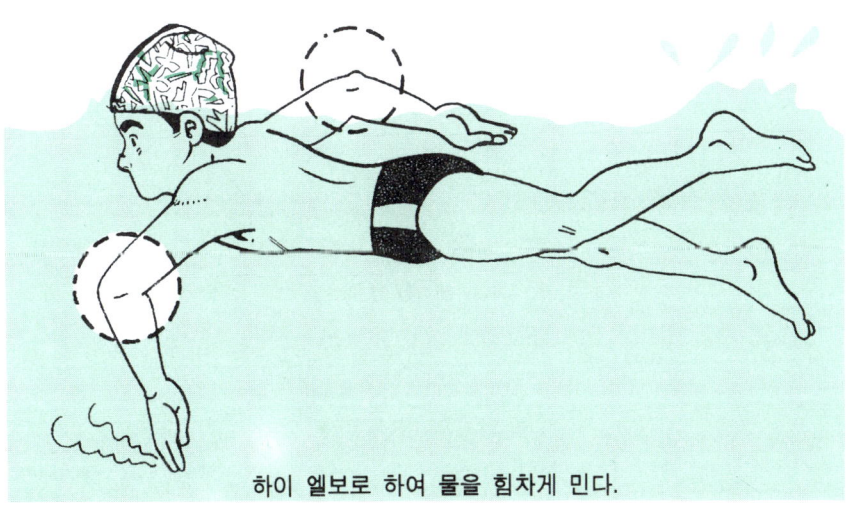

하이 엘보로 하여 물을 힘차게 민다.

4. 호흡은 롤링에 맞추어 한다.

부드럽게 수영하기 위해서는 바른 호흡법을 익혀야 합니다.

앞에서도 말한 바와 같이, 헤엄치고 있을 때에 몸이 좌우로 흔들리는 것을 롤링이라고 합니다. 오른손으로 물을 젓고 있을 때에는 몸의 오른쪽이 가라앉고, 반대로 왼쪽이 들려 있습니다.

호흡은 이 롤링을 이용하여 합니다. 즉, 동체의 롤링에 맞추어서 항상 중심축은 움직이지 않고 머리를 돌려 재빨리 입으로 숨을 쉬는 것입니다.

롤링에 맞추어서 머리를 돌리는 것은 호흡을 도울 뿐만 아니라, 몸 전체를 안정시키기 위한 중요한 동작입니다.

물 속에서 숨을 쉴 때에는 한꺼번에 내쉬지 말고, 입과 코로 조금씩 내쉽니다. 그리고, 다음에 숨을 들이쉬기 위해 얼굴을 옆으로 돌려 입이 수면에 가까워지기 직전에 마지막으로 내쉬도록 합니다. 그렇게 하면, 입 안에 들어온 물을 함께 내뱉을 수 있어서 물을 마시는 일도 없어집니다.

숨을 쉴 때에 주의할 것은 피니시 후에 앞쪽으로 되돌리는 손이 머리 위에 오기 전에 머리를 물 속으로 넣어야 한다는 점입니다. 이 타이밍이 늦어지면 몸의 롤링이 늦어져서 바르게 풀을 할 수 없게 되므로 주의합시다.

수영에서는 '복식 호흡'을 하는데, 보다 빨리 수영하기 위해서는 타이밍이 좋은 호흡을 해야 합니다.

먼저 수영장 안에서 양발을 좌우로 벌리고 서서, 머리의 중심축까지 물에 담그고 손을 움직이면서 연습해 봅시다.

▲ 어깨까지 물에 들어간다.
　머리를 움직이지 말자.

▲ 어깨부터 크게 움직인다.

▲ 손바닥으로 물을 미는 것을
　감각으로 익히도록 한다.

▲ 팔꿈치는 팔을 완전히 뻗을 때까지
　물 속에 있도록 한다.

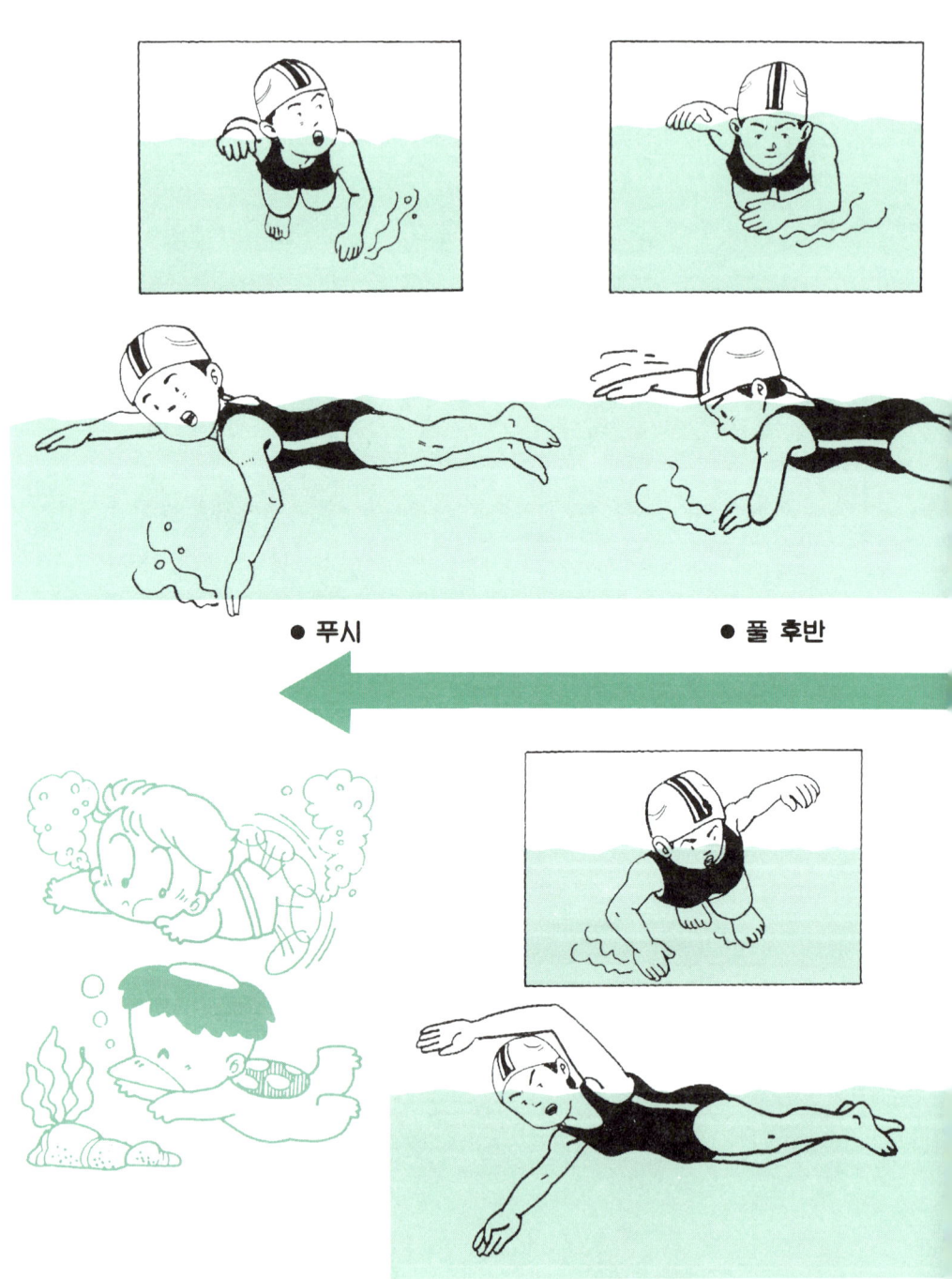

● 푸시

● 풀 후반

● 입수 준비

● 손의 움직임과
호흡의 타이밍(크롤)

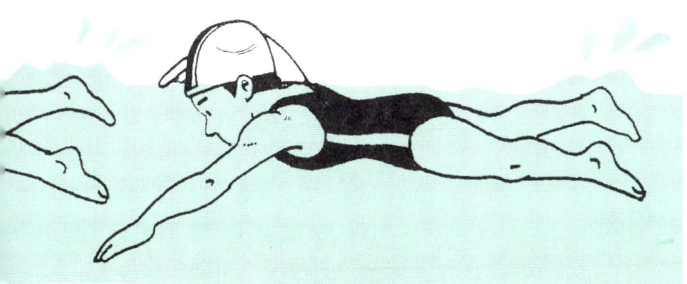

● 풀 전반

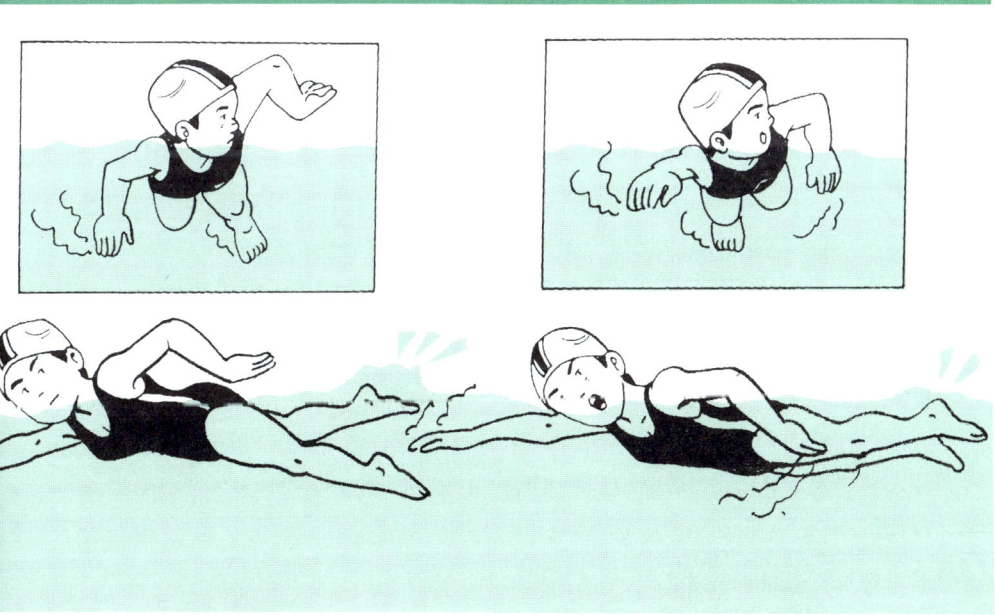

● 리커버리   ● 피니시(호흡)

5. 킥은 발끝까지 유연하게 하도록 한다.

크롤의 킥에는 크게 나누어 세 가지 방법이 있습니다. 1번의 풀 동작을 할 동안에 6번 발을 휘젓는 6비트 킥, 4번 휘젓는 4비트 킥, 2번 휘젓는 2비트 킥입니다. 6비트는 단거리용, 2비트는 장거리용이라고 할 수 있습니다.

어느 방법을 사용하든지 다음의 사항이 기본입니다.

① 무릎 아래만을 움직여서는 안 되고, 넓적다리로부터 발끝까지 유연하게 뻗는다.

② 발로 물을 차올릴 때에는 무릎을 뻗고, 차내릴 때에는 무릎을 굽힌다. 특히 이 때에는 발끝을 힘껏 뻗도록 한다.

③ 발목을 유연하게 하여 발등으로 물을 뒤로 밀듯이 킥한다.

여기서는 6비트 킥을 사용하여 헤엄칠 때의 풀과 킥의 콤비네이션을 설명하겠습니다.

먼저, 오른손이 입수하고 왼손이 피니시할 때에 왼발을 강하게 차내립니다(그림①). 다음에 오른손이 풀을 하는 동안에 좌우 1번씩 약하게 차내리고(그림②), 오른손이 피니시, 왼손이 입수하고 있을 때에 오른발을 강하게 차내립니다(그림③).

힘을 넣어 발을 수면 위로 높이 올려 공기를 킥하면 추진력이 생기지 않습니다. 발의 뒤꿈치가 약간 수면에 나올 정도가 이상적입니다.

크롤의 킥은 몸의 균형을 유지하고, 몸을 뜨게 하는 데 중요한 역할을 합니다. 평상시의 연습 때부터 정확하고 크게 킥하도록 합니다.

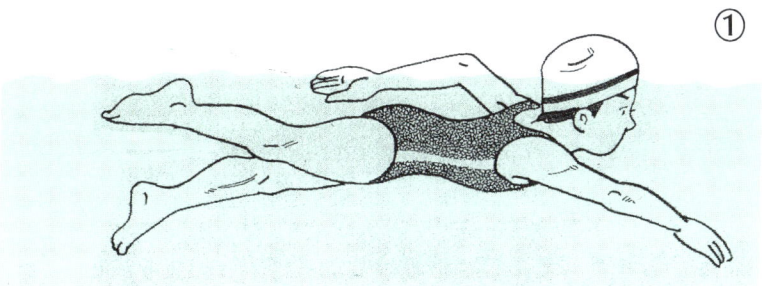

오른손이 입수하고 왼손이 피니시할 때에 왼발을 강하게 내려찹니다.

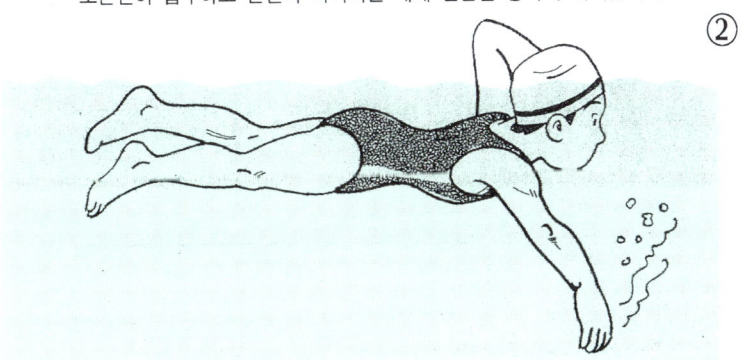

다음에, 오른손의 풀 동안에 좌우 1번씩 약하게 내려찹니다.

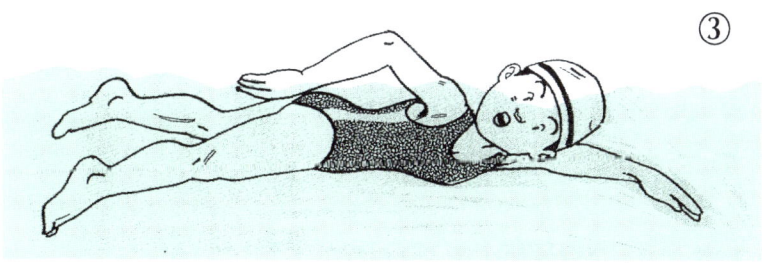

그리고 오른손이 피니시, 왼손이 입수하고 있을 때에 오른발을 강하게 내려찹니다.

▲ 6비트 킥과 풀의 콤비네이션.

6. 스타트가 승패를 결정한다.

0.1초를 다투는 경영에서는 스타트를 잘하고 못하는 것이 승패에 크게 영향을 미칩니다.

자유형의 스타트에는 크게 나누어 암 스윙 스타트와, 그래브 스타트의 두 가지 방법이 있는데, 경기에서 가장 많이 사용하고 있는 것은 스타트 대를 손으로 잡는 그래브 스타트입니다.

●그래브 스타트(Grab Start)●

'준비!' 하는 호령으로 양발 사이나 바깥쪽의 스타트 대를 잡습니다. 출발 신호와 동시에 스타트 대를 당겨 올리는 듯한 느낌으로 몸을 앞으로 내밀면서 스타트 대를 강하게 차고 물로 뛰어듭니다.

공중에서는 몸을 똑바로 뻗고 양 손바닥을 앞에서 겹치도록 하여, 머리를 팔 사이에 끼워 넣습니다. 수면에 45도 정도의 각도로 입수하고, 몸을 유선형으로 유지하여 스피드가 떨어지지 않도록 주의하면서, 호흡을 하지 않는 쪽의 손부터 풀을 시작합니다.

그래브 스타트에는 중심을 앞에 걸어도 팔로 지탱하고 있으므로 쉽게 파울 스타트를 하지 않는 점, 출발 신호로 동작을 시작하여 발이 대를 떠날 때까지의 시간이 짧은 점 등의 장점이 있습니다.

●암 스윙 스타트(Arm Swing Start)●

'준비!' 하는 호령으로 스타트 대에 서서, 상반신을 앞으로 기울이고, 양팔을 아래 방향으로 뻗습니다. 출발 신호와 동시에 양팔을 위로 크게 올려 다시 뒤로 흔들면서 스타트 대를 찹니다. 손을 돌리는 동작이 몸을 앞으로 나가게 하는 추진력이 됩니다.

공중에서의 자세는 그래브 스타트와 거의 같지만, 그래브 스타트만큼 높이 뛰어 오르지 않으므로, 입수의 각도는 당연히 작아집니다.

● 크롤의 스타트

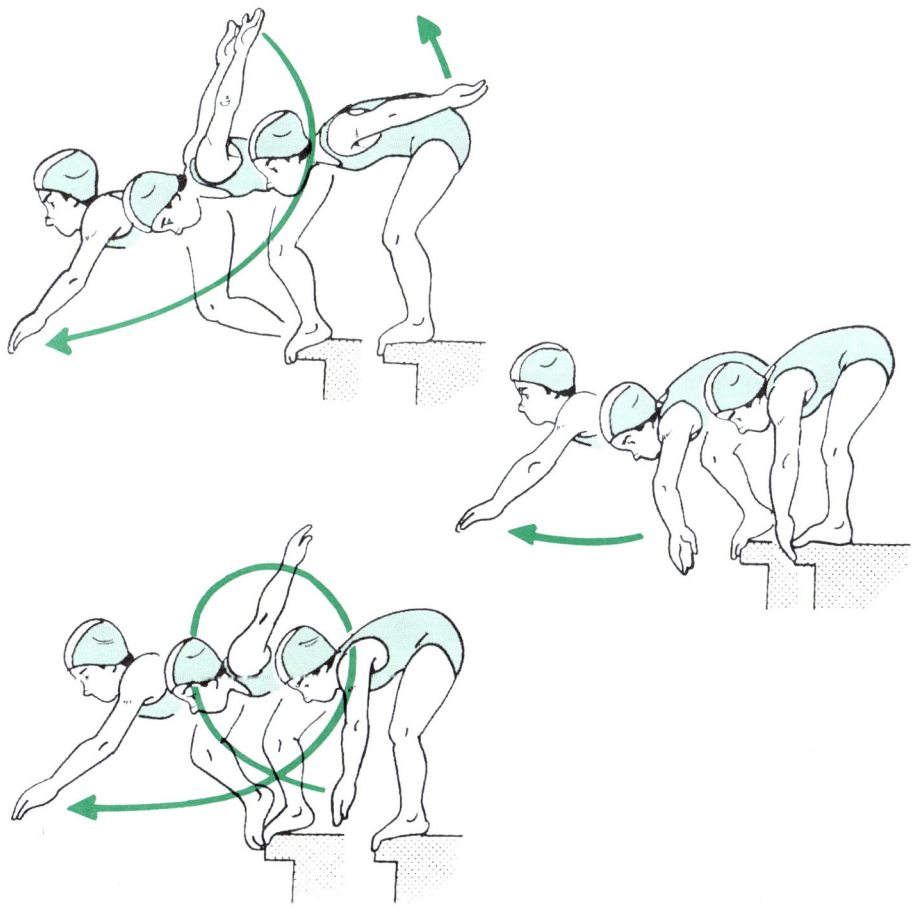

7. 턴은 몸을 오므리고 재빨리 한다.

 턴을 잘하는 선수와 별로 잘하지 못하는 선수는, 1번의 턴으로 약 10cm 정도의 거리 차이가 난다고 합니다. 만약, 이 두 선수가 50m 수영장에서 1,500m 경기를 한다면 29번의 턴을 해야 하므로 3m 가까운 거리의 차이가 나버립니다. 이와 같이, 턴을 잘하는 선수는 그만큼 레이스를 유리하게 할 수 있습니다.

 턴은 머리가 먼저 움직입니다. 또, 지금 헤엄치고 있던 발의 방향으로 가장 짧고 빠른 회전으로 되돌아가야 하므로, 눈을 뜨고 정확히 수영장 바닥과 진행 방향을 봐야 합니다. 눈을 감고 있으면 자기 몸의 방향을 알 수 없게 됩니다.

● 크롤의 턴 ●

① 벽에서 5m 정도 앞까지 접근하면 거리를 조정하고, 앞으로 몇 번 저으면 턴할 것인가를 결정합니다.
② 그 사람의 킥, 스피드에 따라서 다르겠지만, 벽에 1m 정도로 접근하면, 오른손(주로 쓰는 손이 좋지만, 타이밍에 따라 어느 쪽의 손이 닿을지 모르므로, 오른쪽이든 왼쪽이든 모두 턴할 수 있는 것이 이상적입니다. 이것은 배영에서도 같습니다.)을 힘차게 내밉니다.
③ 그 손을 따라 머리도 물 속으로 넣고, 왼손은 몸에 바싹 붙입니다.
④ 머리를 진행 방향으로 향하면서 몸의 회전을 위해 오른손으로 물을 젓고 양 손바닥을 아래로 향합니다.
⑤ 머리를 약간 왼쪽으로 기울이고, 손바닥으로 물을 아래로 밀어 허리를 중심으로 회전합니다.

⑥ 회전이 끝나면, 무릎을 굽히고, 허리를 비틀면서 재빨리 발을 벽 쪽으로 뻗습니다. 그때, 몸은 거의 옆으로 향하고 있고, 양발의 발끝은 풀 사이드 쪽으로 향하고 있습니다.
⑦ 무릎을 펴면서 왼팔을 머리 뒤쪽으로부터 머리의 뒤를 누르듯이 하여 뻗고, 오른손과 왼손을 겹칩니다.
⑧ 상반신을 먼저 밑으로 향하고, 허리를 비틀면서 발로 강하게 벽을 차면서 하반신을 아래로 향한 자세가 되도록 하여 보통의 수영 자세를 만듭니다.

 턴을 할 때 가장 중요한 점은 턴하기 직전의 스피드를 될 수 있는 대로 떨어뜨리지 않고 그대로 유지하는 것입니다. 또 몸을 될 수 있는 대로 작게 오므려서 재빨리 회전하도록 합니다.
 이러한 점들은 모든 영법의 턴에 공통된 사항입니다.

● 크롤의 턴

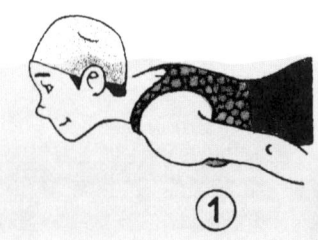

①

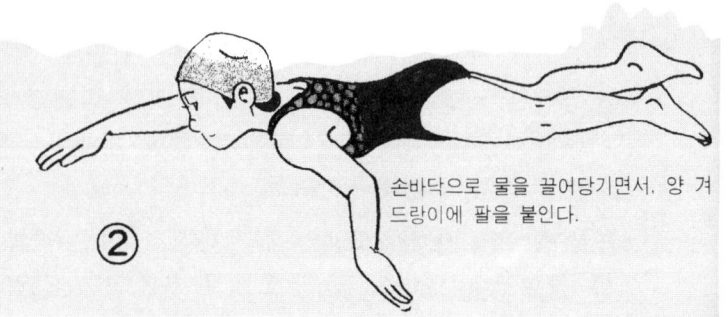

손바닥으로 물을 끌어당기면서, 양 겨드랑이에 팔을 붙인다.

②

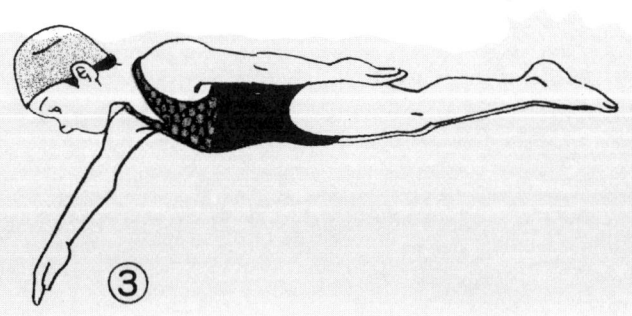

③

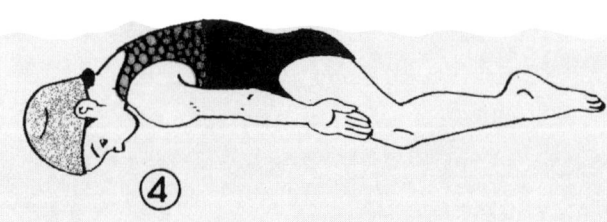

④

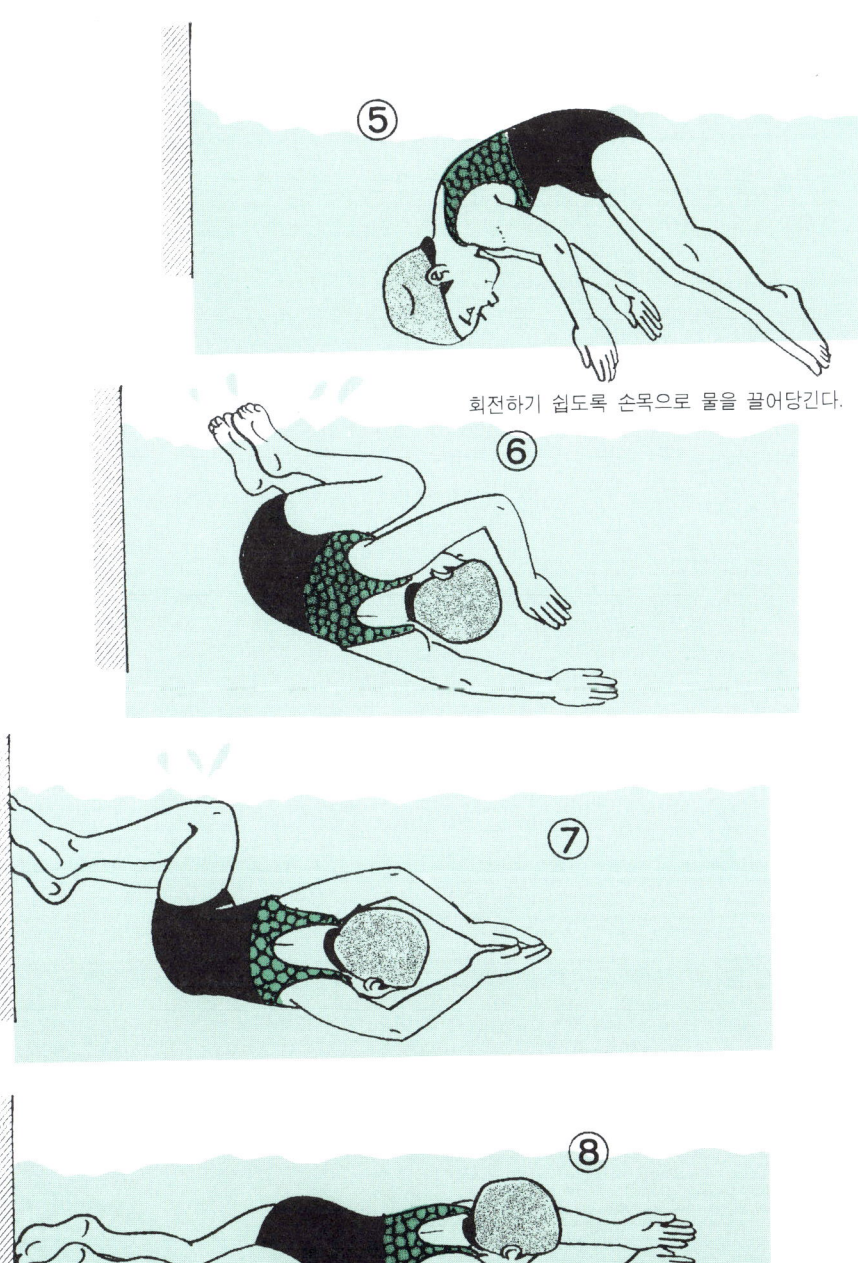

회전하기 쉽도록 손목으로 물을 끌어당긴다.

재빨리 찬다.

Part 2

SWIMMING
가장 빠른 영법인 크롤

● 턴은 머리로 도는 것

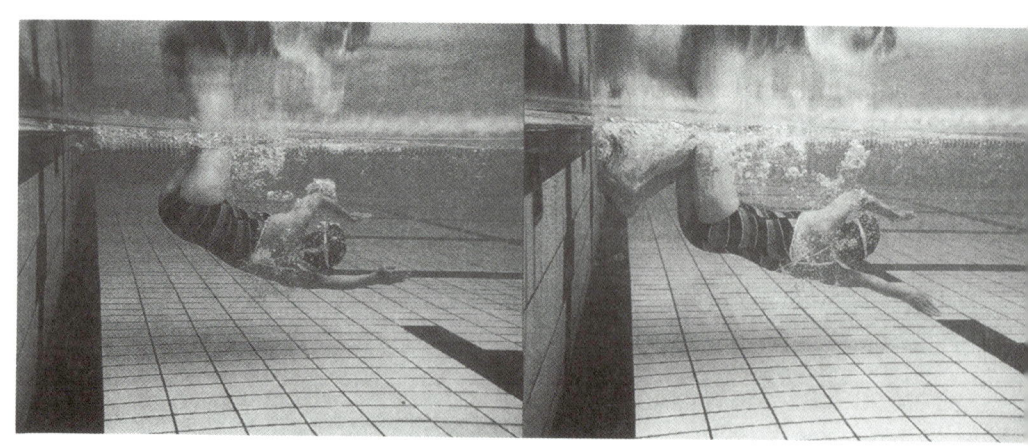

(사진은 크롤의 턴)

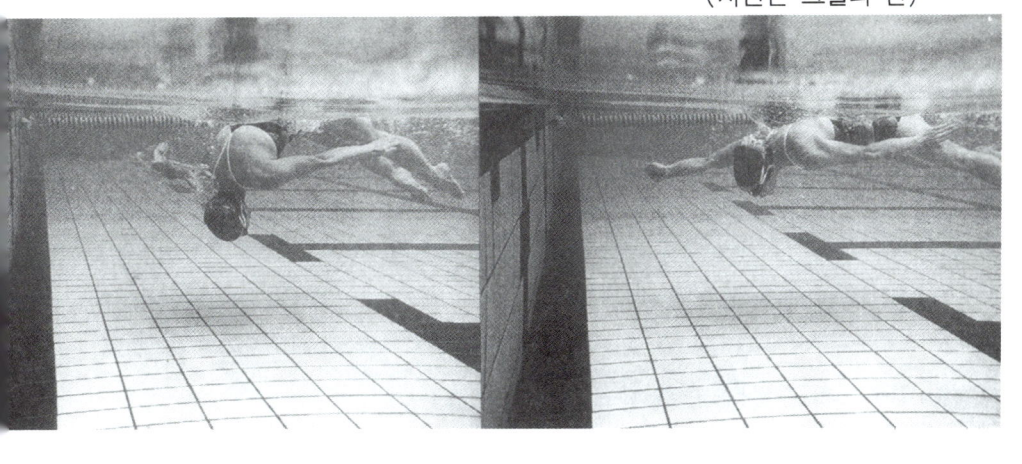

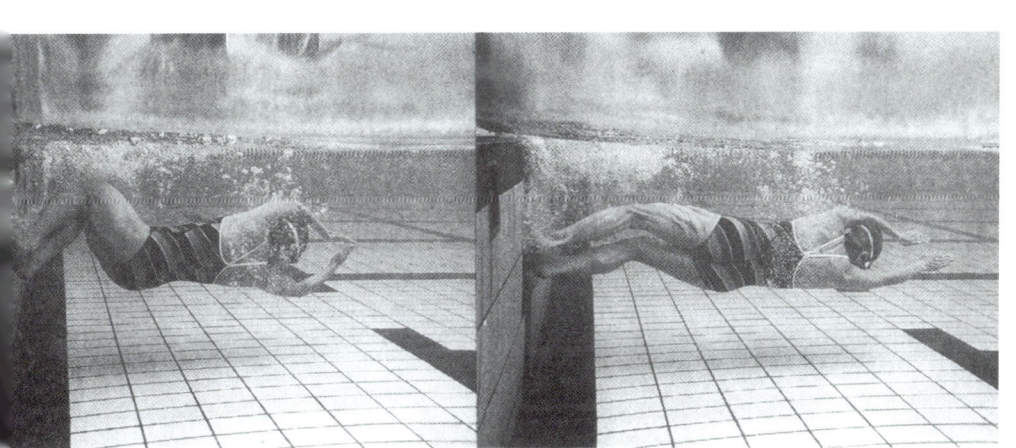

● 어드바이스 ●

▶ **크롤 영법에서의 주의점.**
1. 입수할 때 새끼손가락 쪽부터 넣지 않는다.
2. 푸시 후에, 물은 위로 밀어 올리지 말고 뒤로 민다.
3. 허리의 위치를 확실히 정하여 헤엄칠 것. 좌우로 흔들흔들 하지 말 것.
4. 짧은 헤엄을 치지 말 것.
   헤엄치고 있을 때의 사람의 신장은 뻗은 손끝부터 발끝까지를 말합니다. 시원스럽게 헤엄을 칩시다.

크롤을 뒤집은 배영

1. 뛰어난 선수는 시선이 고정되어 있다. ■ 66
2. 뒤로 누워서 물 위에 뜨는 연습을 하자. ■ 68
3. 헤엄치기 전의 연습. ■ 70
4. 손은 어깨의 연장선 위을 지난다. ■ 72
5. 팔꿈치를 편 채로 젓는 것은 잘못이다. ■ 76
6. 호흡의 패턴을 결정한다. ■ 78
7. 킥은 크롤의 킥을 뒤집어 놓은 것처럼 한다. ■ 80
8. 풀과 킥의 콤비네이션. ■ 82
9. 스타트는 물 속에서 한다. ■ 86
10. 턴 동작에서도 스피드를 유지하도록 한다. ■ 88

Part 3 SWIMMING
크롤을 뒤집은 배영

1. 뛰어난 선수는 시선이 고정되어 있다.

배영은 크롤을 그대로 뒤집은 것이라고 해도 좋을 것입니다. 예전의 배영은 크롤과 마찬가지로 팔을 똑바로 뻗어 물레방아처럼 빙글빙글 돌리는 영법이 중심이었습니다.

1955년경의 배영을 보면, 몸은 거의 롤링하지 않습니다. 풀도 팔꿈치를 똑바로 뻗은 상태로 했습니다.

그러나 60년대에 들어와서 몸을 좌우로 롤링시키는 기술이 개발되어, 1번의 풀로 많은 물을 저을 수 있는 영법으로 바뀌었습니다. 동시에 팔꿈치를 굽혀 풀을 하게 되어, 손바닥이 움직이는 코스는 S자를 옆으로 뉜 것과 같은 형태가 되었습니다.

뛰어난 배영 선수와 그렇지 못한 선수는 머리의 움직임과 시선

▲ 이전의 배영은 이러한 식이었다.

▲ 배영에서는 머리를 고정시켜야 한다.

에 차이가 있다고 합니다. 뛰어난 선수는 시선이 고정되어 있기 때문에, 몸의 롤링이 있어도 머리는 흔들리지 않고 안정되어 있습니다.

다른 영법에서는 호흡이나 몸의 균형을 잡기 위해 머리를 돌리거나, 올리거나, 내리지만, 배영에서는 그럴 필요가 없습니다. 오히려 몸을 일직선으로 유지해야 하기 때문에 머리를 똑바로 고정시켜 두는 것이 중요합니다. 머리의 상하 운동이나 좌우로의 흔들림은 물의 저항을 증가시키는 원인이 되기 때문입니다.

Part 3　SWIMMING
크롤을 뒤집은 배영

2. 뒤로 누워서 물 위에 뜨는 연습을 하자.

　배영도 크롤과 같이 물의 저항을 적게 하기 위하여 될 수 있는 대로 수평에 가까운 자세를 유지합니다. 턱을 가볍게 당기고 엉덩이를 들어 올립니다.
　수평이라고 해도 킥을 살리기 위해서는 머리 쪽이 발보다도 약간 높아지지만, 결코 허리를 낮추어서는 안 됩니다. 또, 턱을 너무 당기면 몸이 서거나 허리가 낮아지는 원인이 됩니다.
　머리를 귀까지 잠기게 하고, 몸을 살짝 수평으로 하여 배꼽이 위로 당겨지고 있는 듯한 느낌으로 뒤로 눕습니다. 그리고, 힘을 빼고 차려 자세로 숨을 가득 쉬어 허파를 부풀게 합니다. 이렇게

▲ 나쁜 자세.

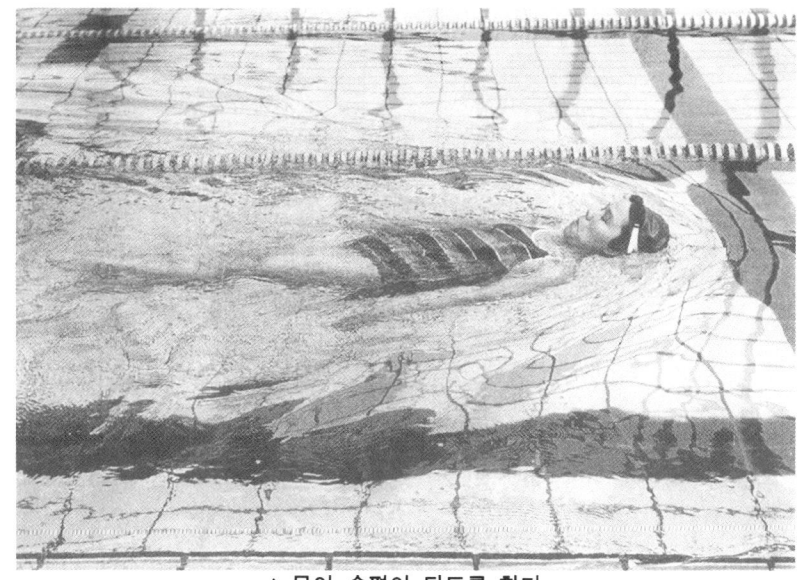

▲ 몸이 수평이 되도록 한다.

하면 대개의 사람은 뜨게 됩니다.

　뜰 수 있게 되면, 그 자세로 서 봅시다. 양 무릎을 가슴 쪽으로 당김과 동시에 양 손바닥으로 물을 넓적다리 쪽으로 밀어 올리고, 머리를 들어 올립니다. 코로 숨을 내쉬면서 하면 좋을 것입니다.

　배영에서의 호흡은 입이 수면 위에 있으므로 언제든지 할 수 있을 것 같지만 팔의 타이밍과 밀접한 관계가 있으므로, 처음부터 착실히 배워 두십시오.

3. 헤엄치기 전의 연습.

먼저 배영의 손동작을 물 속에 들어가지 말고 연습해 봅시다.

차려 자세로 섭니다. 다음에 학교 체육 시간에 하는 '앞으로 나란히'와 같이 팔을 올리고, 그대로 위로(그때, 손바닥은 조금씩 밖을 향해 갑니다.) 귀 뒤까지 올리고, 몸 옆을 지나 원래의 위치로 되돌아갑니다.

오른손 10번, 왼손 10번 가량 한 손씩 움직여 연습해 봅시다.

다음에 거울 앞에서 좌우 교대로 팔을 움직이면서 연습해 봅시다. 먼저, 한쪽 손을 바로 위로 올리고, 그 손을 뒤로 돌리기 시작할 때, 다른 쪽 손을 앞으로 움직이기 시작합니다.(아래에서 앞으로 움직이는 손은 팔꿈치를 똑바로 할 것.) 오른손이 바로 위에 왔을 때에는 왼손은 바로 아래에 오도록(하나), 왼손이 바로 위에 왔을 때에는 오른손이 바로 아래에 오도록(둘) 하는 것이 중요합니다. '하나, 둘, 하나, 둘'하고 구령을 붙여서 리드미컬하게 움직이도록 하고 리듬이 맞도록 반복해서 연습합시다.

이때, 머리는 움직이지 않고, 시선은 고정시키도록 하십시오. 이것은 헤엄칠 때의 중요한 포인트가 됩니다.

손이 타이밍에 맞게 움직이게 되면, 거기에 호흡을 더해 연습해 봅시다. 좌우 손의 움직임에 맞추어서 숨을 들이쉬고 내쉬기를 반복합니다.

먼저, 오른손을 위로 올리면서, 입으로 숨을 쉬고, 그 손으로 풀하고 있을 때에, 코로 '흠'하면서 숨을 내쉽니다. 배영의 호흡법에는 1번 스트로크마다 1번 호흡하는 방법과 2번 스트로크마다 1번 호흡하는 방법이 있습니다. 자기가 하기 쉬운 방법을 선택하면 됩니다.

차려 자세

팔꿈치를 굽히지 말고 바로 위까지 올리고, 몸의 옆을 지나 원래의 위치로 돌아온다.

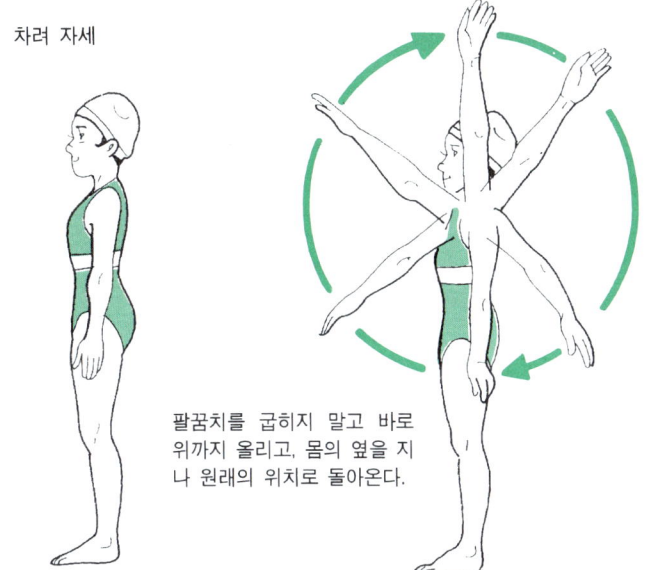

▲ 손을 젓는 연습 (한 손으로 번갈아).

손을 위로 올려서 기지개를 켜는 느낌

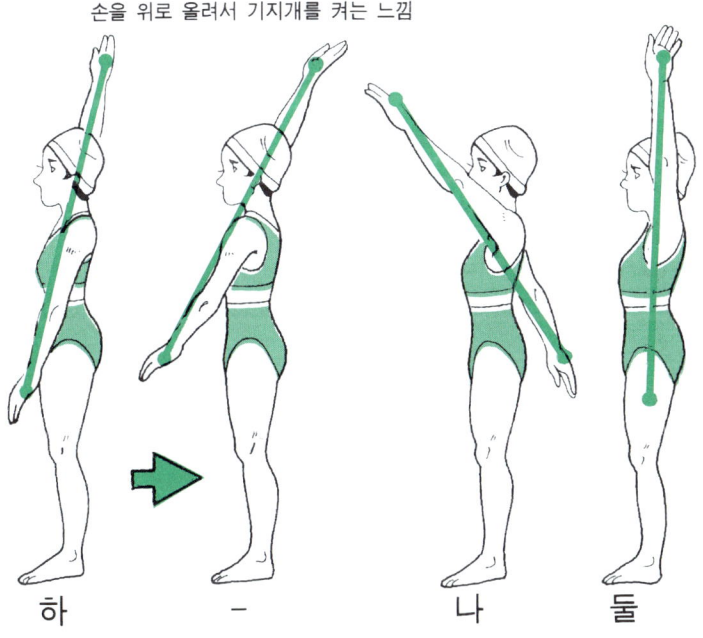

하   —   나   둘

▲ 손을 젓는 연습(양손으로).

Part 3 SWIMMING
크롤을 뒤집은 배영

4. 손은 어깨의 연장선 위를 지난다.

●손을 젓는 법●

캐치

① 입수는 어깨의 연장선 위에서 손바닥이 바깥쪽을 향하여 수면에 직각으로 새끼손가락 쪽부터 들어갑니다.

　초보자들 중에는 손이 입수하자마자 풀을 시작하는 사람이 많은데, 손은 20~30cm 깊이로 입수시키고, 훨씬 앞의 물을 캐치하여 젓기 시작합니다.

② 이때, 몸이 롤링을 시작하게 되고 손바닥은 비스듬히 아래로 향하도록 합니다.

　여기가 배영의 캐치 포인트입니다.

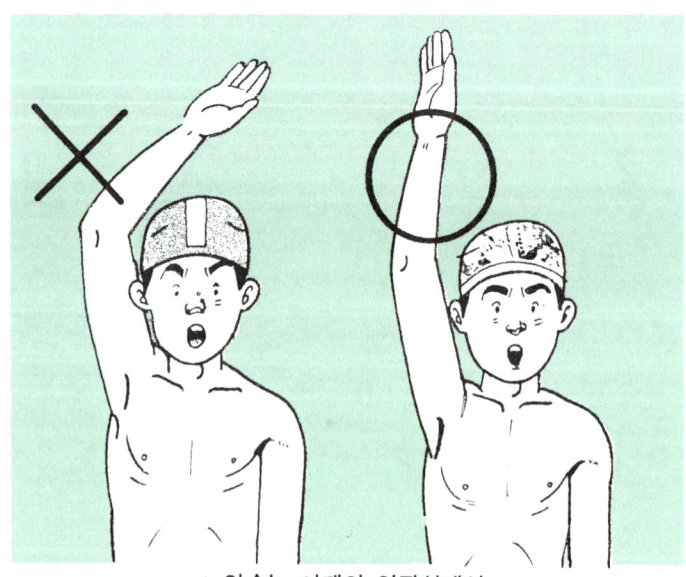

▲ 입수는 어깨의 연장선에서.

풀

③ 캐치 포인트부터 조금씩 몸을 롤링시키고, 팔꿈치를 굽히면서 물을 젓습니다.

풀의 전반을 끝내고 손바닥이 어깨의 선까지 왔을 때 팔꿈치의 각도는 최대가 됩니다. 90~100도 정도가 이상적입니다.

동시에, 몸의 롤링도 최대가 됩니다.

푸시

④ 이때 팔꿈치를 바깥쪽으로 들어 올리듯이 손바닥으로 강하게 물을 밉니다. 이것이 배영의 하이 엘보입니다. 이때 팔꿈치의 위치가 너무 얕으면 손바닥이 수면 위로 나와 버리고, 반대로 너무 깊으면 물을 충분히 밀 수가 없습니다.

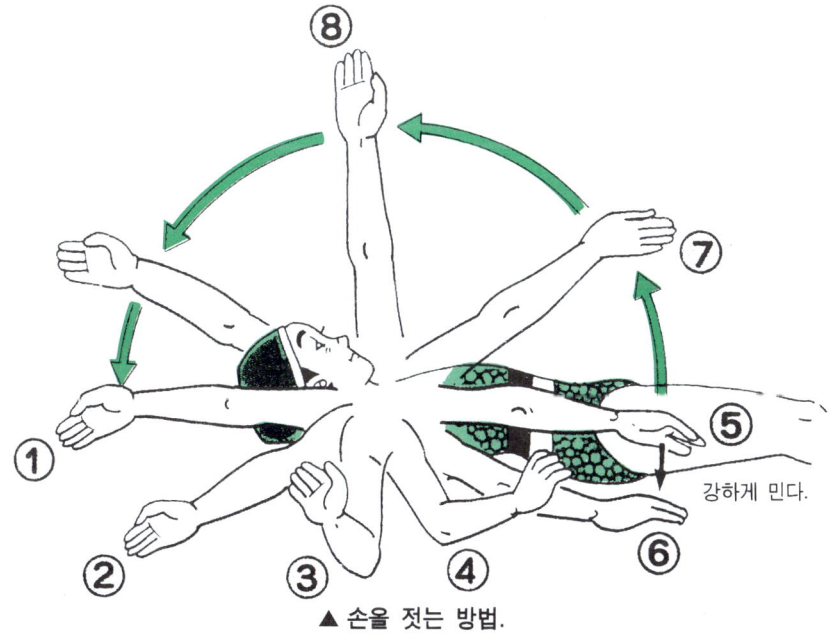

강하게 민다.

▲ 손을 젓는 방법.

SWIMMING
크롤을 뒤집은 배영

손바닥이 어깨의 선을 지났을 때부터 풀의 후반이 시작됩니다.

피니시

⑤ 팔꿈치를 서서히 펴고, 손바닥은 조금씩 풀의 바닥을 향합니다. 몸의 롤링도 원래대로 되돌아갑니다.

⑥ 풀 동작 마지막에는 팔꿈치를 완전히 펴고 손바닥이 수영장 바닥을 향하게 하여 손목의 스냅을 이용해 물을 뒤로 밉니다. 배영에서는 이 부분을 피니시라고 하며, 팔씨름으로 상대방의 팔을 비틀어 눕히는 듯한 느낌으로 엉덩이 아래로 한꺼번에 물을 젓습니다. 한쪽 손이 피니시하였을 때, 다른 쪽의 손은 입수의 순간입니다.

리커버리

⑦ 피니시한 후에는 손바닥을 안쪽으로 향하게 하여 엄지손가락을 위로 하고 팔을 물에서 빼냅니다.
팔의 리커버리는 비스듬히 수면 가까이의 위치를 지나는 쪽이 에너지를 절약할 수 있을 것 같지만, 이 낮은 리커버리는 오히려 몸이 옆으로 흔들리게 만들기 때문에 도리어 불필요한 에너지를 사용하게 됩니다.

⑧ 물에서 나온 팔은 힘을 빼서 펴고, 수직으로 어깨 바로 위를 지나 앞쪽으로 뻗도록 합니다.

▲ 난폭하게 입수하지 않는다.

▲ 리커버리의 팔은 똑바로 편다.

Part 3 SWIMMING
크롤을 뒤집은 배영

5. 팔꿈치를 편 채로 젓는 것은 잘못이다.

배영에서 손바닥의 움직임을 보면, 알파벳의 S자를 옆으로 눕힌 형태가 됩니다. 이것이 배영에서 이상적인 풀의 형태인 'S자형 풀 패턴'입니다.

배영의 풀에서 가장 많이 일어나는 잘못은 팔꿈치를 똑바로 뻗는 것입니다. 그래서는 S자 형태가 되지 않습니다.

물을 젓는 손의 손가락 끝부터 팔꿈치까지를 하나의 면이라고 생각하고 저어 주십시오. 결코 손바닥만으로 젓는 것이 아닙니다.

또 풀의 시작이 하이 엘보로 되어 있지 않기 때문에 확실히 물

▲ 팔꿈치는 펴지 않도록 한다.

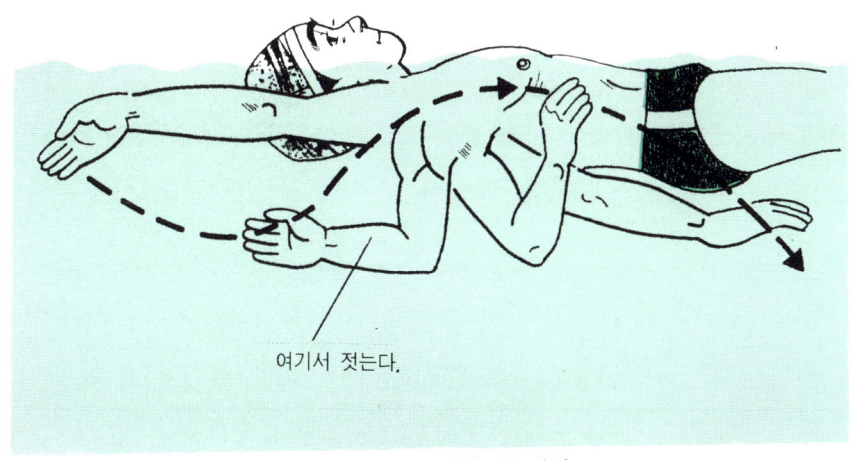

여기서 젓는다.

▲ 이상적인 S자형 풀 패턴.

을 밀 수 없는 사람도 흔히 볼 수 있습니다.

피니시에서는 손바닥이 완전히 수영장 바닥을 향하도록 합니다. 이것은 허리의 높이를 유지하기 위해서 필요한 동작입니다.

손바닥의 방향에도 주의하여 주십시오. 입수 때에는 옆을 향하고 있으나, 물 속에서는 아래→위→옆→아래라는 식으로 팔꿈치의 각도에 따라 손바닥의 방향이 변화합니다.

손바닥의 방향에 따라 움직이는 스피드도 달라집니다. 캐치 포인트부터 점점 빨라지기 시작해서 팔꿈치의 각도가 최대가 되었을 때부터 피니시에 이르러 가장 빨라십니다.

Part 3 SWIMMING
크롤을 뒤집은 배영

6. 호흡의 패턴을 결정한다.

배영은 얼굴이 수면 위로 올라와 있기 때문에 다른 영법과 다르게 항상 호흡할 수가 있습니다. 그러나 불규칙적으로 호흡하거나 숨을 길게 멈추게 되면 리듬이 깨지고 피로를 빨리 느낄 수 있습니다.

좌우 어느 쪽이든 리커버리에서 숨을 들이마시고 그 팔의 푸시에서 내뱉는 등 일정한 호흡의 패턴을 확립해 두도록 합시다.

또 조금씩 코로 숨을 내쉬고, 입으로 들이마시는 것을 잊지 마십시오.(배영에서는 코로 물을 들이마시기 쉽습니다.)

▲ 불규칙적인 호흡은 피로를 빨리 느낀다.

●어드바이스●

 배영으로 헤엄치고 있는 사람에게서 자주 볼 수 있는 모습으로, 입 속에 물을 넣고 고래처럼 위로 내뿜으면서 헤엄치는 사람이 있습니다. 이것은 호흡법이 틀렸기 때문입니다. 그럼 다시 한 번 호흡법을 확인해 둡시다.
 리커버리할 때 물 위로 내미는 손은 물을 많이 운반하지 않도록 팔꿈치를 똑바로 뻗고 손목은 릴렉스시켜서 물을 자르는 듯한 느낌으로 합니다. 그렇게 하면 동작이 깨끗하고 얼굴에도 물이 묻지 않고 헤엄칠 수 있게 됩니다.

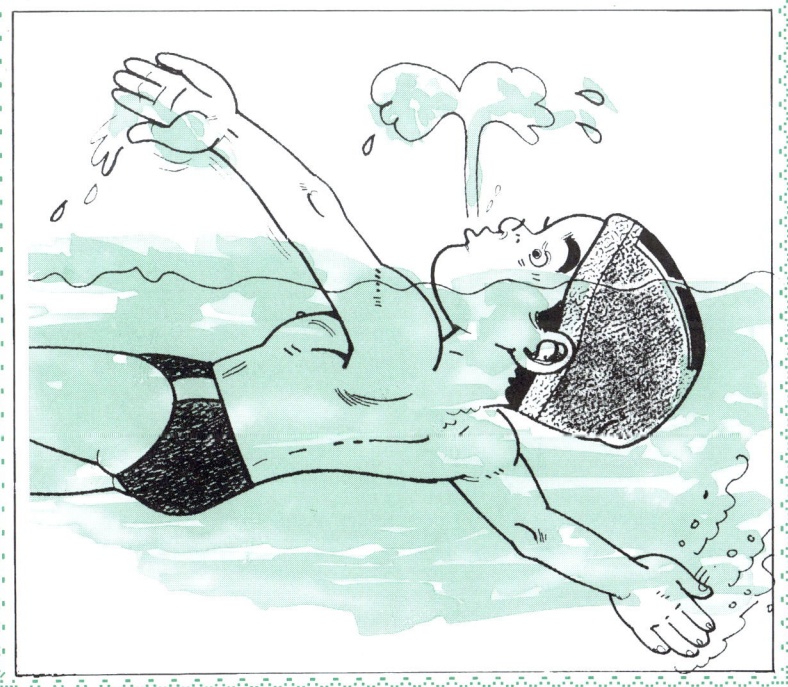

Part 3 SWIMMING
크롤을 뒤집은 배영

7. 킥은 크롤의 킥을 뒤집어 놓은 것처럼 한다.

배영의 킥은 크롤의 킥을 그대로 뒤집은 형태인데, 기본은 완전히 같습니다.

처음에 넓적다리부터 발까지를 일직선으로 뻗어서 발을 내립니다. 그리고, 무릎을 굽혀서 차올리는 준비를 합니다.

차올릴 때 무릎을 조금씩 펴서 다 차올렸을 때에는 넓적다리부터 발끝까지가 일직선이 되도록 뻗습니다.

특히 차올렸을 때 발목을 유연하게 하여 발목이 휘도록 하는 것이 중요합니다. 발등으로 물을 확실히 잡고 물을 밀어 올리는 듯한 느낌으로 킥하도록 합니다.

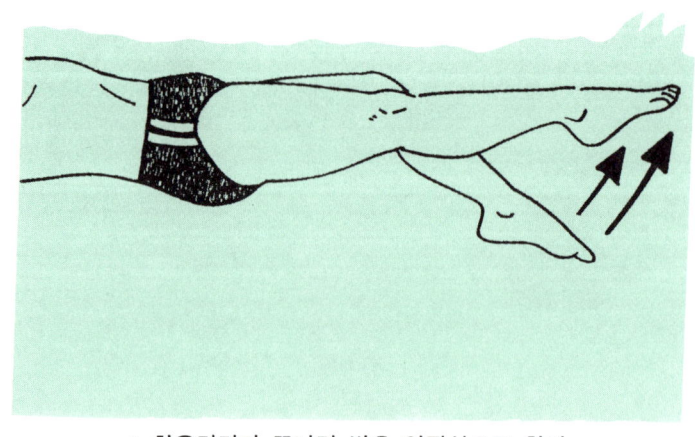

▲ 차올리기가 끝나면 발은 일직선으로 한다.

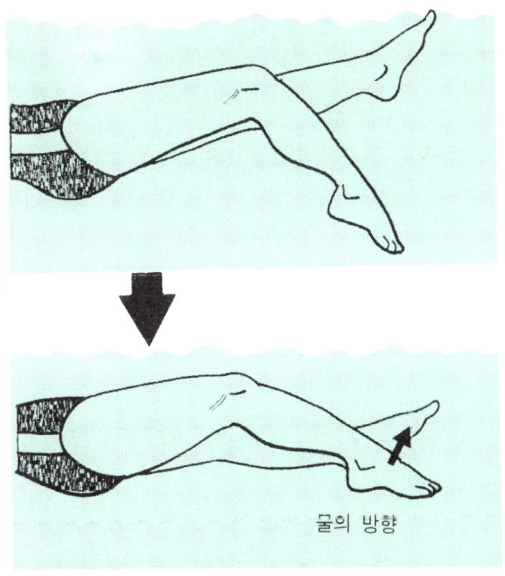

▲ 초보자는 자전거타기 킥이 되기 쉽다.   ▲ 발등으로 물을 밀어 올리듯이 킥한다.

　킥은 물 속에서 이루어지는데 초보자인 경우, 무릎이 수면 위로 나와 마치 자전거를 타는 듯한 동작이 되는 경우가 있습니다. 그것은 발을 아래로 내릴 때에 이미 무릎이 굽어 있기 때문입니다.
　자전거를 타는 형태의 킥을 하는 사람은 양팔을 몸에 붙이고 누군가에게 자기가 킥으로 나아갈 때보다 약간 빠른 스피드로 머리를 당겨 달라고 합니다. 차내릴 때 무릎의 굽힘이 적어져서 킥의 감각을 파악할 수 있습니다.

Part 3 SWIMMING
크롤을 뒤집은 배영

8. 풀과 킥의 콤비네이션.

또 하나 배영의 킥에서 중요한 것은 풀과의 콤비네이션입니다. 비록 바른 킥을 하고 있어도 풀과 균형을 이루지 못하면 좋은 킥이라고 할 수 없습니다. 풀과 킥의 콤비네이션은 다음과 같습니다.

먼저, 오른손이 캐치 포인트에 이르렀을 때 오른발을 차올립니다. 다음에 캐치 포인트에서 팔꿈치의 각도가 가장 커지는 곳까지 풀을 하는 동안에 왼발을 차올립니다. 오른손이 피니시할 때에는 오른발을 차올리고 이때 왼손은 입수하고 있어야 합니다.

▲ 풀과 킥의 콤비네이션.

●어드바이스●

▶ **배영의 비트판 킥.**

비트판을 가지고 킥 연습을 하는 것은 팔을 똑바로 뻗는 것과 목 근육을 사용하지 않고 물 위에 얼굴을 얹는 듯한 느낌을 파악하기 위함입니다.

그런 자세로 주위를 둘러볼 수 있을 정도로 목이 자유롭습니까? 목이 자유롭게 되면 나중에 목이 아프거나 어깨가 결리는 일은 없을 것입니다.

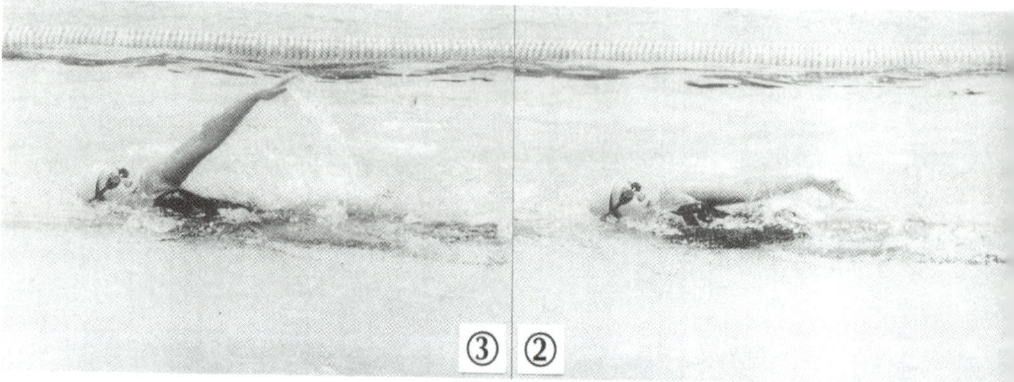

Part 3 SWIMMING
크롤을 뒤집은 배영

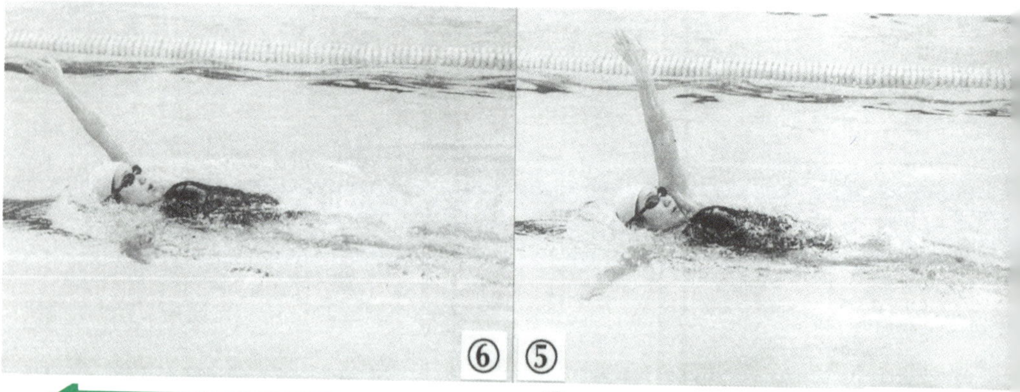

● 배영은 어깨의 활용이 중요하다.

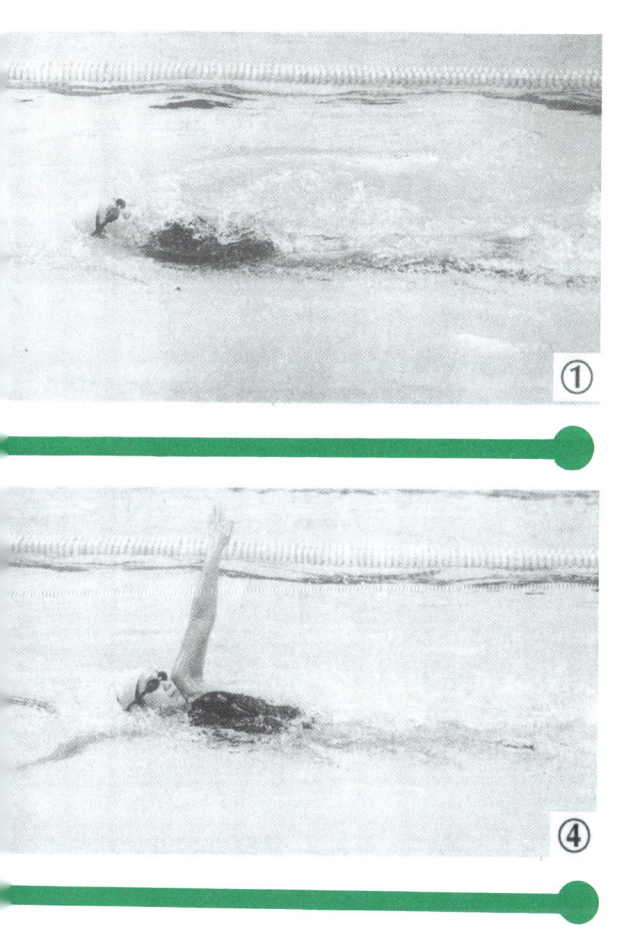

배영은 어깨를 이용하는 것이 중요합니다. 손을 쫙 펴서 앞에 있는 물을 움켜잡듯이 나아갑니다.
①, ②에서 펴고 ③에서 당깁니다.
허리가 내려가면 턱을 위쪽으로 내밀고, 다리가 올라가면 턱을 원래 위치로 되돌려 수평을 유지하도록 합니다.

턱선과 같은 정도로 어깨를 내민다.

Part 3 SWIMMING
크롤을 뒤집은 배영

9. 스타트는 물 속에서 한다.

배영의 스타트는 물 속에서 합니다. 이런 스타트를 하는 것은 배영뿐입니다.

먼저, 스타트 용의 그립(Grip)을 잡고 양발을 수면 가까이에 오도록 벽을 딛습니다. 발끝이 수면 밖으로 나오면 실격이 되므로 주의하십시오.

① '준비'라는 구령에 양팔을 굽히고 몸을 벽에 접근시키면서 당겨 올립니다.

② 출발 신호와 동시에 양손으로 바(Bar)를 놓으면서 머리를 뒤로 젖힙니다.

③ 다음에, 발로 힘껏 벽을 차고 양팔을 몸 앞에서 머리 위로 올립니다. 팔을 앞쪽으로 당길 때에는 위로부터든 옆으로부터든 상관없습니다.

④ 공중에서는 머리를 양팔로 끼우고 몸이 뒤로 휘도록 하여 손가락 끝부터 입수합니다.

⑤ 입수한 후에는 턱을 당기고, 몸을 수평으로 하여, 스피드가 떨어졌을 때 킥을 시작하여 한쪽 팔로 물을 젓고 떠오릅니다.(손은 머리 위로 뻗은 채로 상향 돌핀 킥을 하면서 풀의 중앙까지 나아가는 사람도 있습니다. 이것을 비사이요 스타트라고 합니다.)

등을 지나치게 젖히면 너무 깊이 들어가게 됩니다. 처음 젓기를 시작하여 리커버리할 때에 팔 전체가 공중에 나올 정도의 깊이가 좋습니다.

물 속에서는 앞쪽으로 뻗은 손바닥이 겹치도록 합니다. 물의 저항이 작아져서 그만큼 스피드가 빨라집니다.

● 배영의 스타트

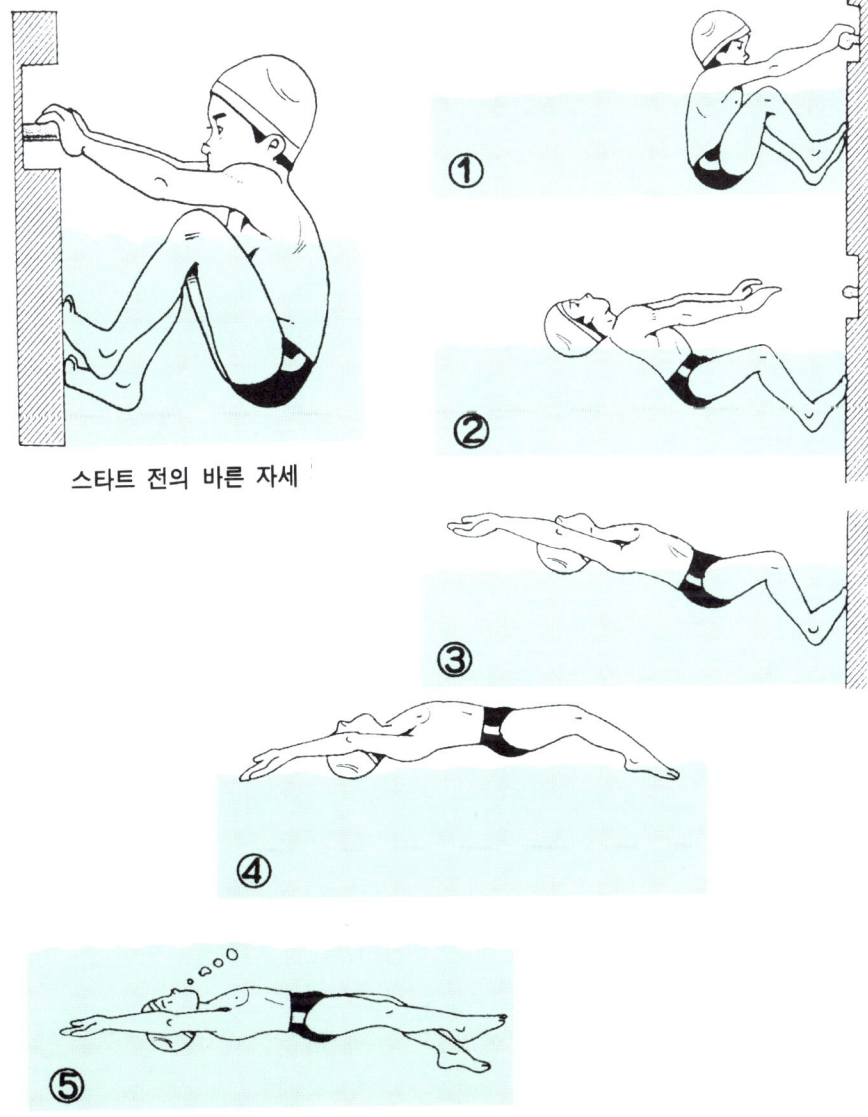

스타트 전의 바른 자세

1m. 턴 동작에서도 스피드를 유지하도록 한다.

배영뿐 아니라 다른 영법에서도 턴의 가장 큰 포인트는 스피드를 떨어뜨리지 않도록 하는 것입니다. 턴 전까지 아무리 빨리 헤엄쳤더라도 턴에서 스피드가 떨어져 버려서는 아무 일도 안 됩니다.

배영의 경우에는 뒤로 누운 자세로 헤엄치고 있으므로, 벽까지의 거리를 가늠하기가 더욱 어렵습니다. 그래서, 벽으로부터 5m의 거리를 표시하는 깃발을 기준으로 하여, 몇 번 저으면 손이 벽에 닿는가를 반복 연습하여 완전히 익히도록 합니다.

① 벽으로부터 5m인 곳에 접근하면, 타이밍을 맞추어 터치할 수 있도록 스트로크를 조정하고, 한 손으로 벽을 터치함과 동시에 머리를 뒤로 젖히고, 턱을 내밀듯이 젖혀서 회전 자세를 취합니다.

② 다음에, 양 무릎을 모아 가슴 쪽으로 당기고, 몸을 될 수 있는 대로 작게 오므려서 회전을 시작합니다.

③ 이때, 또 다른 손으로는 물을 밀어 회전을 돕도록 합니다.

④ 몸이 회전함과 동시에, 발을 벽에 대고 손바닥을 머리 앞에서 겹칩니다.

⑤ 그리고, 허리가 벽에 거의 접근하였을 때, 허리를 비틀면서 발로 벽을 강하게 찹니다.

⑥ 팔은 앞쪽으로 뻗어 유선형을 만들도록 합니다.

⑦ 벽을 찬 후에는 양 손바닥을 겹쳐서, 팔에 머리를 끼우듯이 하여 똑바로 뻗습니다. 턱은 바짝 당깁니다.

⑧ 스피드가 떨어지기 직전에 킥을 시작합니다.

● 배영의 턴

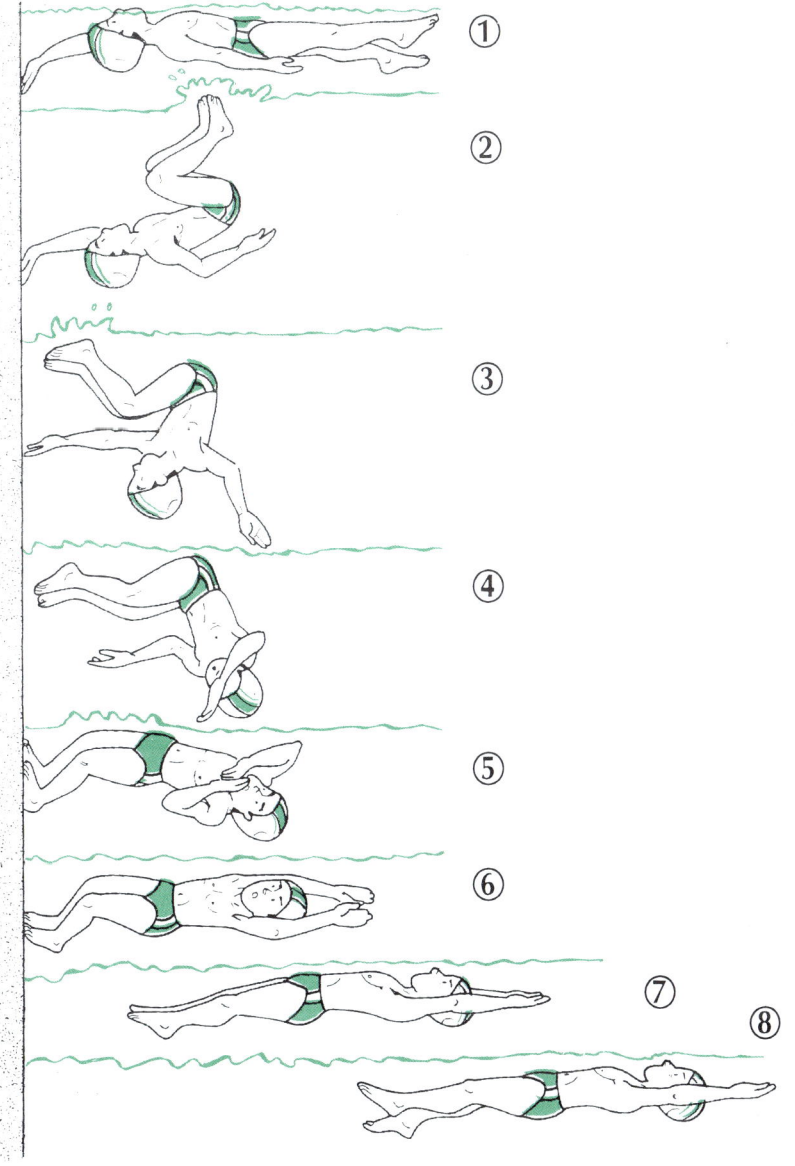

Part 3 SWIMMING
크롤을 뒤집은 배영

● 배영의 새로운 턴 방법은 몸이 아래쪽을 향했을 때 (회전할 때의 손만) 한 번 휘저어도 턴할 수 있다.

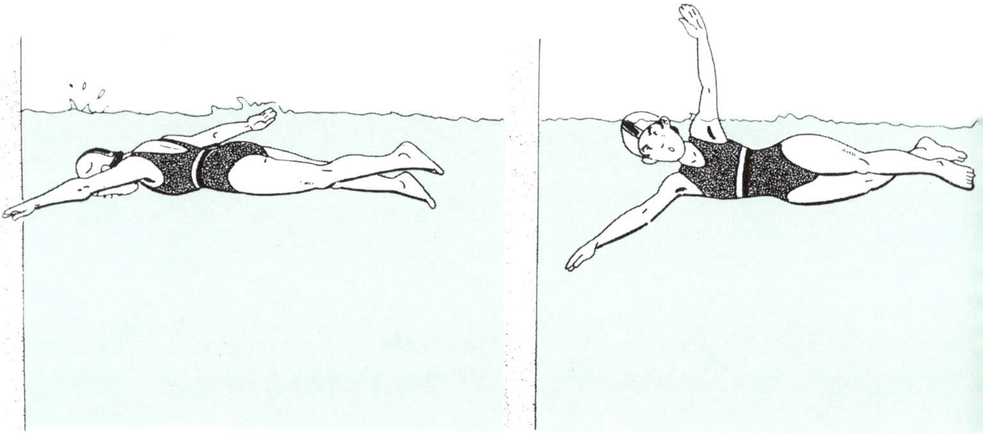

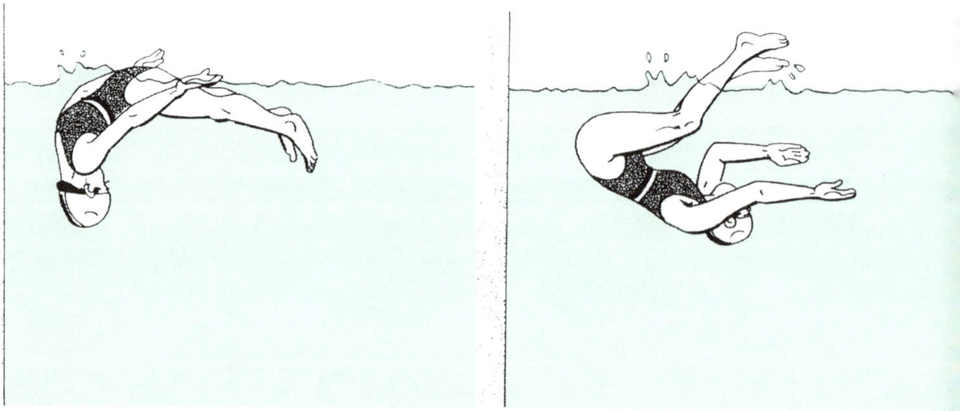

● 어드바이스 ●

▶ **배영에서 주의해야 할 사항.**
1. 손을 입수할 때마다 얼굴이 좌우로 움직이지 않도록 한다.
2. 킥은 항상 물보라가 위로 올라가도록 한다.(무릎은 물 밖으로 나오지 않도록 할 것.)
3. 구부정하고 엉거주춤한 허리로 헤엄치지 않도록 한다. 허리를 위로 올리는 느낌으로 헤엄치자. 그렇다고 해서 가슴을 내밀어서는 절대로 안 된다.

역사가 가장 오래 된 평영

1. 평영은 규칙이 가장 엄격한 영법이다. ■ 94
2. 헤엄치기 전의 연습 ①. ■ 96
3. 헤엄치기 전의 연습 ②. ■ 100
4. 손은 어깨부터 힘껏 뻗는다. ■ 102
5. 호흡은 팔젓기의 후반에 한다. ■ 106
6. 평영에서 킥의 역할은 중요하다. ■ 108
7. 스타트는 크롤보다 깊게 한다. ■ 110
8. 턴에도 까다로운 규칙이 있다. ■ 112

1. 평영은 규칙이 가장 엄격한 영법이다.

　대표적인 네 가지 영법 중에서 가장 역사가 오래 된 것이 평영입니다.

　평영으로 빨리 헤엄치기 위해서는 킥이 중요한 역할을 합니다. 다른 영법에서는 추진력의 대부분이 풀에 의한 것이지만, 평영에서는 풀과 킥의 비중이 대체로 반반 정도라 할 수 있습니다.

　또, 헤엄칠 때에는 발목을 될 수 있는 대로 뻗고 킥하는 것이 중요하지만 평영에서만은 걸을 때와 똑같이 발목을 굽힌 채로 킥합니다.

　다른 영법에 비하여 규칙이 엄격한 것도 평영의 특징입니다. 다음에 설명하는 규칙을 기억한 다음에 연습으로 들어갑시다.

① 스타트와 반환점 이후의 첫 스트로크부터 몸을 앞으로 뉘고 양 어깨는 수평이 되어야 합니다.
② 양팔은 동시에 좌우 대칭으로 움직여야 합니다. 또 수면 위에서의 리커버리는 인정되지 않습니다.
③ 발은 동시에 좌우 대칭으로, 그리고 수평으로 움직여야 합니다. 돌핀 킥(양발을 모아 상하로 젓는 킥)이나 부채 킥(한쪽이 크롤, 또 한쪽이 평영의 발의 형태로 되어 있는 것)을 사용해서는 안 됩니다.
④ 스타트 및 반환점 이후에는 물 속에서 한 번의 스트로크와 한 번의 킥만 허용됩니다.
⑤ 스타트와 반환점 이외에서 한 번의 스트로크와 킥의 동작을 하고 있는 동안은 머리의 일부가 수면 위로 나온 상태에서 헤엄쳐야 합니다.
⑥ 결승점 및 반환점의 터치는 양손을 동시에(결승점일 경우에는

▲ 평영은 규칙이 엄격하다.

같은 높이로) 뻗어서 해야 합니다. 그때, 손의 위치는 수면의 상하 어느 쪽이든 상관없으나, 양 어깨는 수평이어야 합니다.

Part 4 SWIMMING
역사가 가장 오래 된 평영

2. 헤엄치기 전의 연습 ①.

평영에서 가장 문제가 되는 것은 발목의 감각과 유연성입니다. 좁은 발바닥으로 확실하게 물을 차기 위해서는 효율적인 발목의 각도가 필요합니다. 연습 방법으로는 먼저 육상에서 발목과 무릎의 굴신 운동을 충분히 해서 그 감각을 몸에 익힙니다.

다음에, 벽 앞에 서서 벽에 양손을 짚고 한 발씩 킥의 연습을 합니다. 뒤꿈치부터 먼저 나오도록 하여 어깨선의 뒤쪽을 찹니다. 반복해서 연습합시다.

이번에는 수영장 가장자리에 살짝 걸터앉아 무릎을 굽히고, 발

이때, 뒤꿈치가 올라가지 않도록 한다.

이 부분의 근육을 사용한다. 올렸을 때, 이 부분의 뼈보다 바깥쪽의 근육이 볼록하게 된다.

▲ 발목의 감각을 몸에 익히자.

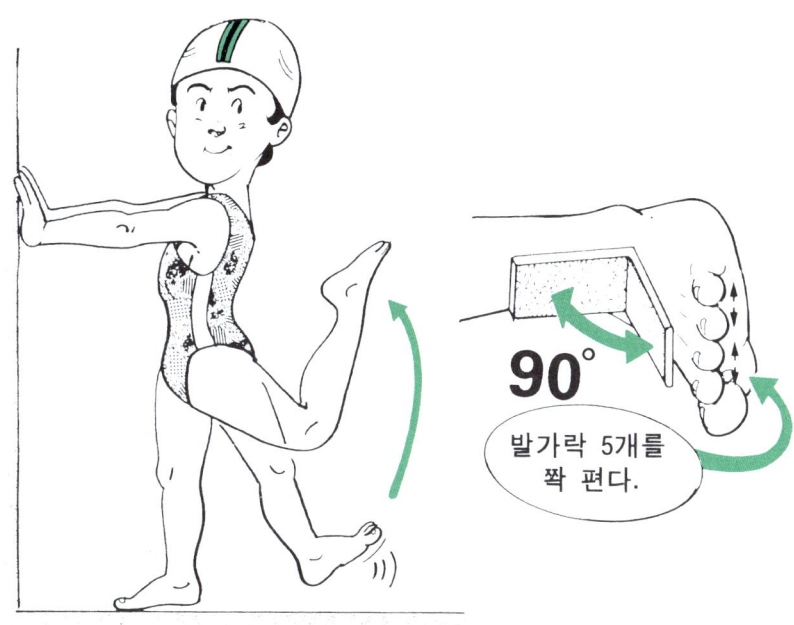

▲ 차는 느낌을 파악한다.

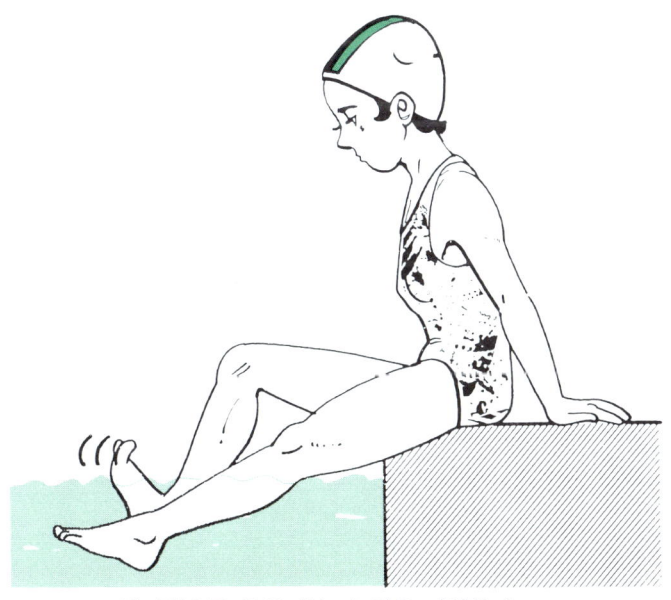

▲ 발바닥으로 물을 차는 느낌을 파악한다.

Part 4 SWIMMING
역사가 가장 오래된 평영

바닥으로 물을 차는 연습을 합니다. 뒤꿈치를 먼저 내밀면서 해야 합니다.(발바닥으로 물을 차는 감각을 익힙시다.)

다음에 육상에서 한 것처럼 수영장의 얕은 곳에서 한 발씩 킥의 연습을 해 봅시다. 등을 수영장의 중앙을 향하게 하여 한 발로 서서 다른 발의 발바닥으로 물을 찹니다. 이때에도 뒤꿈치가 먼저 나오도록 합니다. 한 발씩 연습합시다.

그것이 되면, 양발입니다. 풀 사이드를 잡고, 몸을 수평으로 유지합니다. 다음에 발목을 엉덩이에 얹는 느낌으로 당깁니다. 결코 무릎을 앞으로 당기는 느낌이 되어서는 안 됩니다. 무릎을 굽힘과 동시에, 발가락 끝을 휘게 하여 발바닥으로 차는 준비를 합니다. 준비가 되면 이번에는 무릎을 확 펴는 느낌으로 뒤꿈치부터

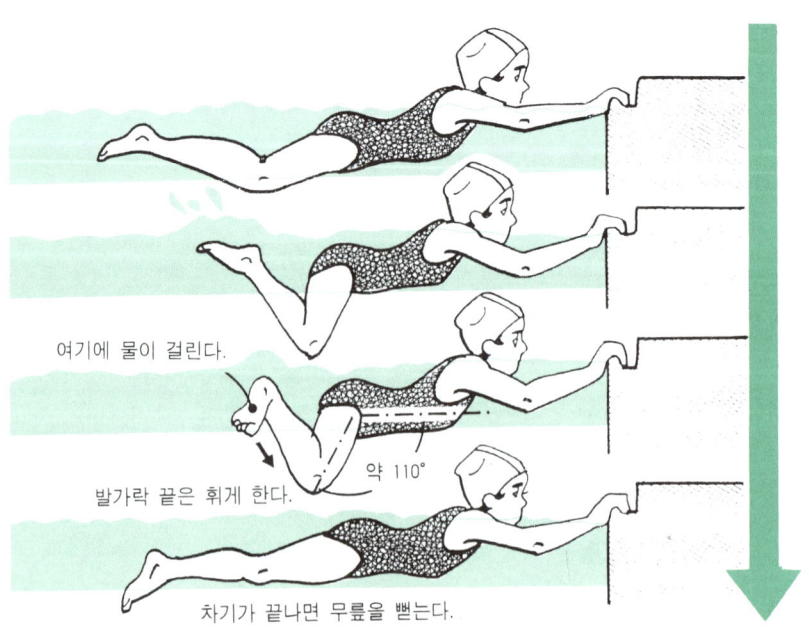

▲ 발목을 엉덩이에 얹는 느낌으로 킥한다.

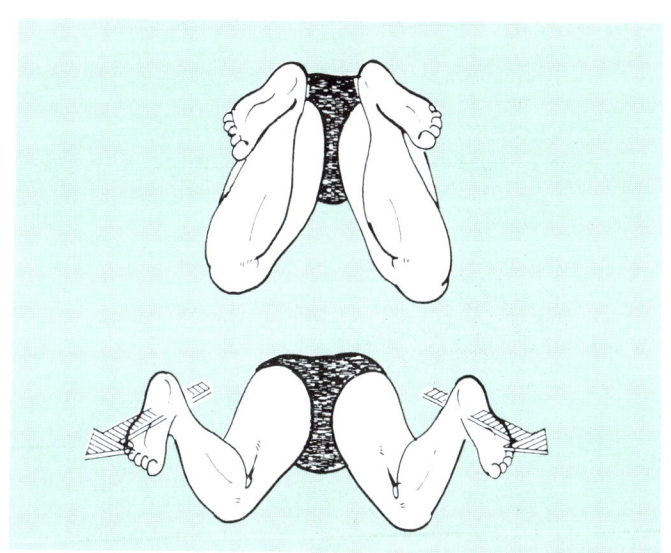

▲ 잘 알 수 없을 때에는 다시 한 번 물 밖에서 연습한다.

참니다.

 사이드를 잡고 하는 연습이 충분히 되었으면, 비트판을 가지고 킥해 봅시다. 처음에는 얼굴을 수면에 대고 신경을 발끝에 집중시켜 연습하면 좋을 것입니다. 발바닥으로 물을 천천히 차면 몸이 앞으로 나아갈 것입니다.

 잘 나가지 않을 경우에는 발가락 끝이 휘는 법과 뒤꿈치부터 먼저 차는 것을 잊고 있는 증거입니다. 다시 한 번 풀 사이드를 잡고 연습해서 확실히 마스터한 다음 비트판을 가시고 연습합시다.

 다음에 비트판을 사용하지 않고 할 때는 손을 앞으로 뻗어 비트판을 이용해서 연습한 대로 힘차게 킥을 합니다. 킥을 할 때마다 마지막에는 발가락 끝부터 발끝까지가 일직선이 되도록 하는 것이 중요합니다.

3. 헤엄치기 전의 연습 ②.

먼저 육상에서 손의 움직임을 익혀 둡시다.

손바닥을 아래로 향하게 하여 양손을 앞으로 뻗고(하나), 다음에 손바닥을 바깥쪽으로 향하게 하여 팔을 어깨폭보다 약간 넓게 벌리고, 무릎을 지지점으로(무릎을 움직이지 않고) 반원을 그리면서 양손을 가슴 앞으로 끌어 당깁니다(둘).

뻗고(하나) 끌어당기는(둘) 동작을 리드미컬하게 합니다.(팔꿈치의 움직임이 가슴보다 앞에서 끝나도록 겨드랑이를 죄어가는 느낌입니다.)

다음에, 수영장 안에 서서 연습합시다. 양손을 앞으로 뻗었을 때 얼굴을 물에 대고(사진①), 양손을 벌리면서 얼굴을 들기 시작하여 (사진②), 양 팔꿈치를 가슴으로 죄었을 때에 얼굴을 수면 위로 내어 호흡을 합니다(사진③). 이것을 반복합니다.

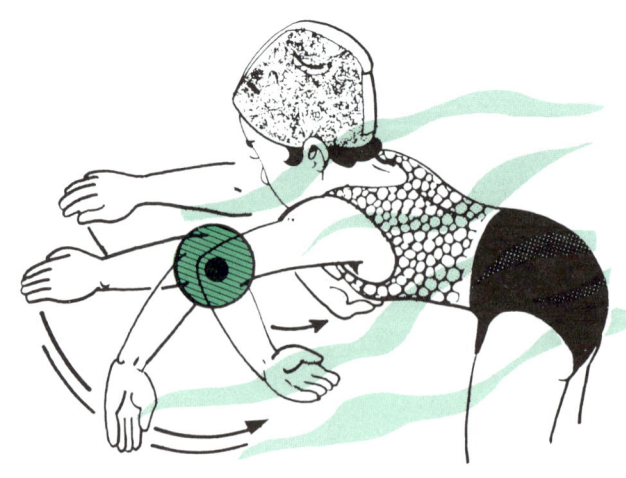

▲ 무릎은 움직이지 말고 반원을 그리면서 연습한다.

물을 저을 때에는 손가락 끝부터 팔꿈치까지의 안쪽 전체에 물이 걸리는 느낌을 파악할 수 있어야 합니다.

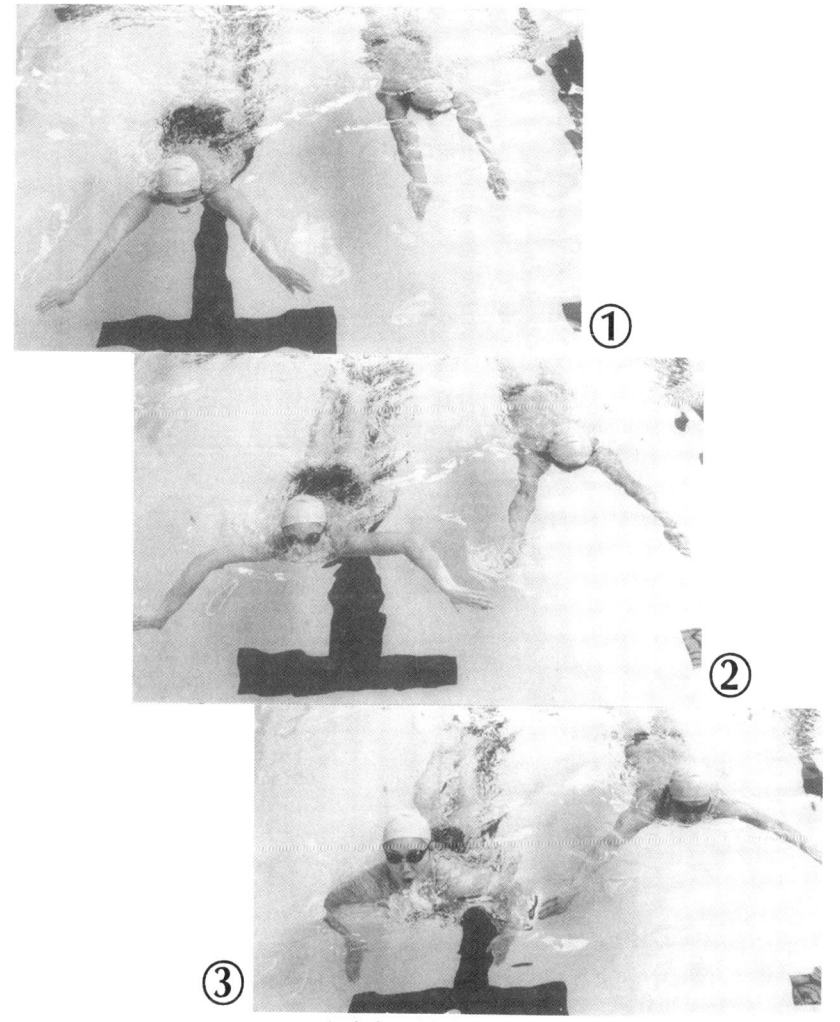

▲ 손가락 끝부터 팔꿈치까지를 사용하여 젓는다.

4. 손은 어깨부터 힘껏 뻗는다.

그러면 이제 물 속으로 들어가서 헤엄쳐 봅시다.

●손으로 젓는 법●

풀

① 평영의 풀은 어깨를 약간 오므리듯이 하여, 양팔을 똑바로 앞으로 뻗는 것부터 시작합니다. 손바닥은 비스듬히 바깥쪽을 향하고, 엄지손가락이 서로 닿을 정도로 합니다.

캐치

② 손으로 젓기 시작할 때, 손바닥은 수면 아래 20cm 전후인 곳에 있으며, 손바닥의 간격이 어깨폭보다 약간 넓어질 때까지 팔을 뻗어, 손바닥을 바로 옆으로 향하여 물을 젓기 시작합니다. 여기가 평영의 캐치 포인트입니다.

팔을 뻗을 때에는 어깨부터 힘껏 뻗는 것이 중요합니다. 시선은 약 45도 아래쪽을 향하고, 될 수 있는 대로 물의 저항이 적은 유선형을 유지합니다.

하이 엘보

③ 다음에, 팔꿈치를 조금씩 굽혀서 물을 젓습니다. 손바닥이 양 어깨를 연결하는 선까지 왔을 때, 그 각도는 최대가 됩니다. 사람에 따라 다르지만 보통 120도 정도입니다.

물을 젓기 시작하면, 팔꿈치는 손보다 항상 높은 위치를 유지합니다. 이 하이 엘보는 물을 효율적으로 젓기 위해 반드시 필요한 동작입니다.

피니시

④ 손바닥의 간격이 최대가 되었을 때부터 팔꿈치를 더욱 깊이 굽히고, 겨드랑이를 죄는 듯한 느낌으로 물을 젓습니다.

그리고, 속도를 더하여 물을 저으면서 손바닥을 가슴으로 모읍니다.

평영을 처음 배우기 시작할 때에는 빨리 앞으로 나아가려고 팔을 너무 크게 뒤까지 젓는데 그러면 팔과 발의 균형이 무너지게 됩니다.

리커버리

⑤ 가슴에 모은 손바닥이 수영장의 바닥을 향하게 한 다음 다시 팔을 뻗어 풀을 시작합니다.

평영의 리커버리는 다른 세 가지 영법과는 달라서 큰 특징이 있는데, 피니시부터 리커버리까지 손바닥의 움직임이 그치지 않는 것입니다.

또, 피니시에서는 팔을 재빨리 앞으로 뻗음과 동시에 몸도 똑바로 뻗어서 물의 저항이 적은 유선형을 유지하도록 합니다.

다른 영법에도 공통된 것이지만, 하나하나의 동작은 항상 연속적으로 이어져야 합니다. 조금이라도 동작이 정지하면 속도가 떨어져 버리기 때문입니다.

평영에서의 손바닥 동작을 아래에서 보면, 하트(♡)를 거꾸로 한 깃과 같은 형태가 됩니다. 팔꿈치를 굽히거나 펴면서 물을 저으므로, 손바닥의 움직임이 평면적이 되면 빠른 속도를 낼 수 없습니다.

 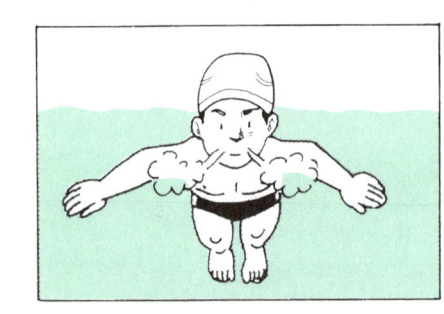

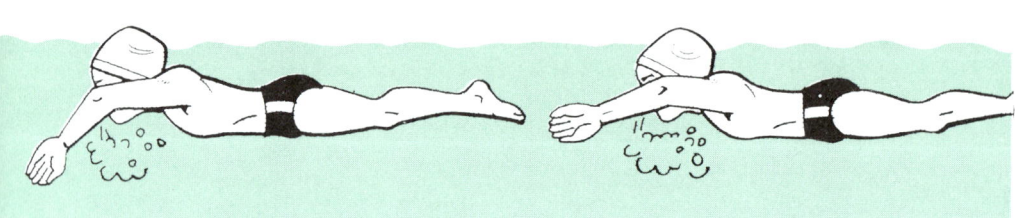

③ 하이 엘보　　　　　　　② 캐치

⑤ 리커버리　　　　　　　④ 피니시

● 손의 움직임과 호흡의 타이밍(평영)

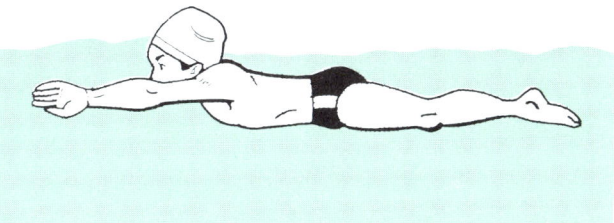

① 풀

▲ 손바닥의 움직임은 하트를 거꾸로 한 형태와 같다.

5. 호흡은 팔젓기의 후반에 한다.

평영에서 호흡은 팔로 물을 저으면서 턱을 앞으로 하여 피니시와 동시에 얼굴을 수면 위로 내밀어 재빨리 숨을 들이쉬고, 얼굴이 물 속에 들어가면 숨을 내쉬는데, 이때에는 한꺼번에 세게 내쉬지 말고, 코와 입으로 조금씩 내쉬다가 마지막에 세게 내쉬도록 합니다.

팔로 젓기 시작함과 동시에 머리를 숙여 호흡하면 전체의 리듬이 무너져 버립니다. 팔젓기의 후반에 머리를 들고 호흡하는 것이 중요합니다.

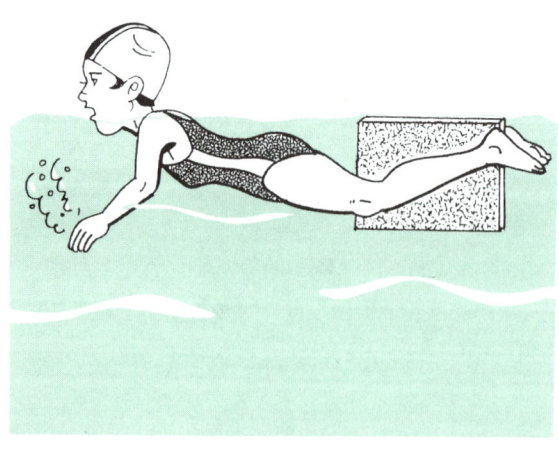

▲ 평영의 호흡은 피니시와 동시에 한다.

6. 평영에서 킥의 역할은 중요하다.

평영에서 속도를 올리기 위해서는 킥이 중요한 역할을 합니다. 크롤에서 킥은 그다지 큰 추진력이 되지 않지만, 평영은 풀과 킥의 비율이 반반 정도로 되어 있습니다.

평영의 킥에는 원영용 평형 킥(웨지 킥, Wedge Kick)과 경영용 평형 킥(휩 킥, Whip Kick)이 있는데, 이전에는 발로 물을 끼워 후방으로 미는 웨지 킥이 주류였으나, 지금은 발로 물을 밀어 안쪽 후방으로 차는 휩 킥이 대부분입니다. 이에 따라 기록도 점점 단축되어 가고 있습니다.

킥은 발을 완전히 뻗었을 때부터 시작합니다. 피니시와 동시에 무릎을 굽히고 발을 당깁니다. 이때의 상반신과 넓적다리의 각도는 110도 정도입니다. 무릎을 너무 굽히면 저항이 커져서 속도가

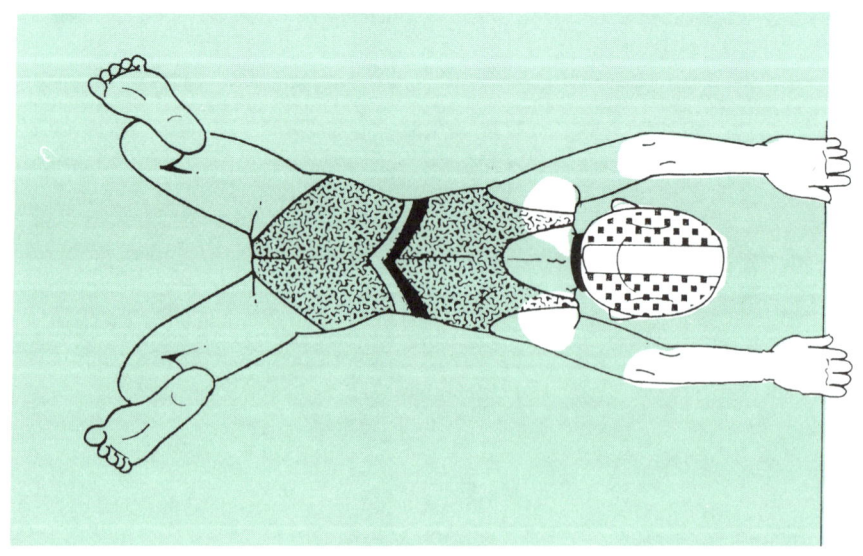

▲ 위에서 본 평영의 킥.

▲ 육상에서의 킥과 풀의 연습.

오히려 떨어져 버립니다.

다음에 뒤꿈치를 엉덩이 옆으로 당겨 킥할 준비를 합니다.(발의 전경골근을 사용합니다.) 그리고 뒤를 향해 차고, 마지막에 안쪽으로 물을 끼우듯이 합니다. 발바닥 전체로 물을 미는 듯한 느낌이 중요합니다.

풀과 킥의 콤비네이션은 다음과 같습니다.

팔을 저으면서 무릎을 굽혀 발을 당기고, 팔을 다 뻗기 직전에 발로 물을 차기 시작합니다. 마지막에 양팔을 똑바로 뻗고, 킥을 끝낸 발도 똑바로 뻗으면 몸이 일직선이 됩니다.

여기서부터 다시 풀을 시작하는데, 손바닥이 양 어깨를 연결한 선 위에 올 때까지 발은 똑바로 뻗은 상태를 유지합니다. 이것은 풀에 의한 추진력을 떨어뜨리지 않기 위한 것입니다.

Part 4 SWIMMING
역사가 가장 오래된 평영

7. 스타트는 크롤보다 깊게 한다.

평영의 스타트는 준비 자세에서 입수할 때까지 크롤과 같습니다. 다만, 크롤보다 약간 깊이 입수합니다.

① 먼저 '준비'의 구령에 한 걸음 앞으로 나가서 양발을 주먹 하나나 둘 정도의 간격으로 벌리고, 발가락 끝을 오므려 스타트 대의 모퉁이에 댑니다.

② 다음에, 상체를 앞으로 굽히고 스타트 대 앞의 선단을 잡습니다. 손의 위치는 양발의 바깥쪽이든 양발의 사이든 어느 쪽이든 상관없습니다. 이때, 몸의 중심을 될 수 있는 대로 앞쪽에 둡니다.

③ 출발 신호와 동시에 스타트 대를 당겨 올리는 듯한 느낌으로 몸을 앞으로 내밀면서 스타트 대를 강하게 차고 출발합니다.

④ 공중에서는 몸을 똑바로 뻗고, 양 손바닥을 앞에서 겹쳐 모우도록 하여 머리를 팔 사이에 끼워 넣습니다.

⑤ 물 속으로 들어갈 때에는 몸에 받는 저항을 적게 하기 위하여 손, 머리, 어깨, 몸통의 순으로 같은 지점을 지나 입수하도록 합니다. 이렇게 입수하면 물보라가 많이 튀지 않습니다.

수면에 대하여 45도 정도의 각도로 입수하는 게 좋고, 몸을 일직선으로 하여 수면과 평행으로 나아갑니다.

속도가 떨어지면, 양팔로 넓적다리까지 물을 저은 다음에 팔을 몸 가까이 스쳐 지나게 앞쪽으로 뻗으면서 다리를 굽혀 킥을 하여 떠오릅니다. 두 번째 팔젓기는 머리가 수면 위로 나오기 시작한 때가 아니면 반칙이 됩니다.

저항을 적게 하기 위하여 머리를 들지 않고 수영장 바닥을 보듯이 하여 나아가는 것이 중요합니다.

● 평영의 스타트

8. 턴에도 까다로운 규칙이 있다.

평영은 크롤이나 배영 등 다른 영법에 비하여 규칙이 엄격한 것이 특징입니다.

턴에도 까다로운 규칙이 있습니다. 턴은 양손을 동시에 같은 높이로 벽에 터치하여야 합니다. 그리고, 턴 다음에는 스타트와 똑같이 물 속에서는 한 번의 스트로크와 한 번의 킥밖에 허용되지 않습니다.

평영에서는 손이 벽에 닿기 전에 머리가 물 속에 잠기면 반칙입니다. 그래서,

① 타이밍을 맞추기 위하여 5m 라인에 이르면 스트로크를 조정합니다. 손을 앞으로 다 뻗었을 때에 손이 벽에 닿도록 하는 것입니다.

② 손가락 끝이 닿으면 그대로 힘을 빼고 손바닥이 벽에 닿도록 하여 한 손을 아래로 내립니다.

③·④ 헤엄쳐 온 스피드를 살려서 팔꿈치를 굽히면서 머리를 벽에 접근시키고 허리를 비틀면서 무릎을 굽힙니다.

⑤ 머리가 벽에 거의 접근하였을 때, 재빨리 발을 당김과 동시에 머리를 진행 방향으로 향하고, 오른손으로 벽 쪽을 향해 물을 밀면서 몸을 반대 방향으로 회전시킵니다.

⑥ 다음에 왼손으로 벽을 밀고, 오른손의 스냅을 이용해 양발을 벽에 대고 팔을 뻗으면서 머리를 숙여 상체를 물 속에 잠급니다.

⑦·⑧ 양손을 뻗어 앞에서 겹치고, 발로 벽을 강하게 차고 나갑니다.

● 평영의 턴

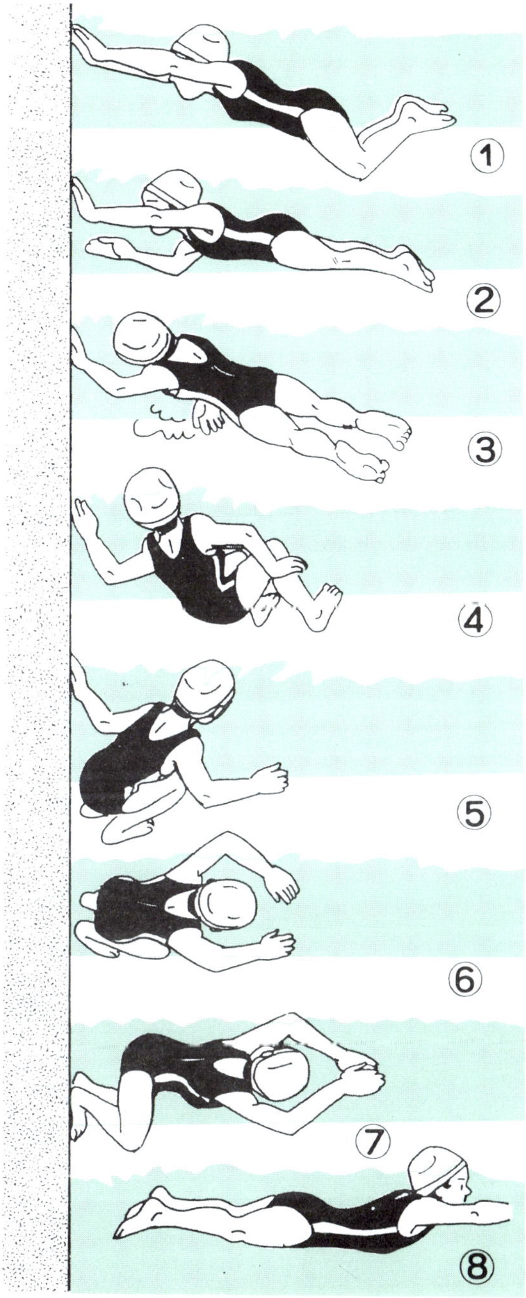

Part 4 · SWIMMING
역사가 가장 오래된 평영

● 평영의 턴은 양손 터치로 해야 한다.

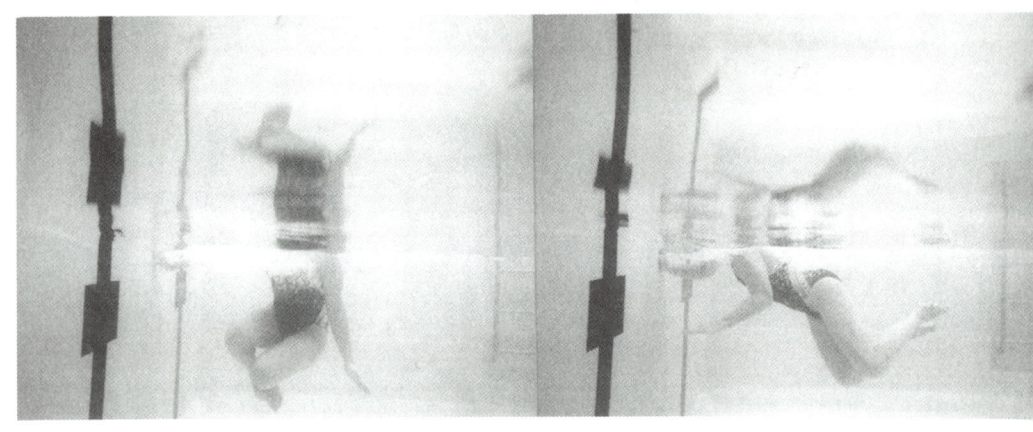

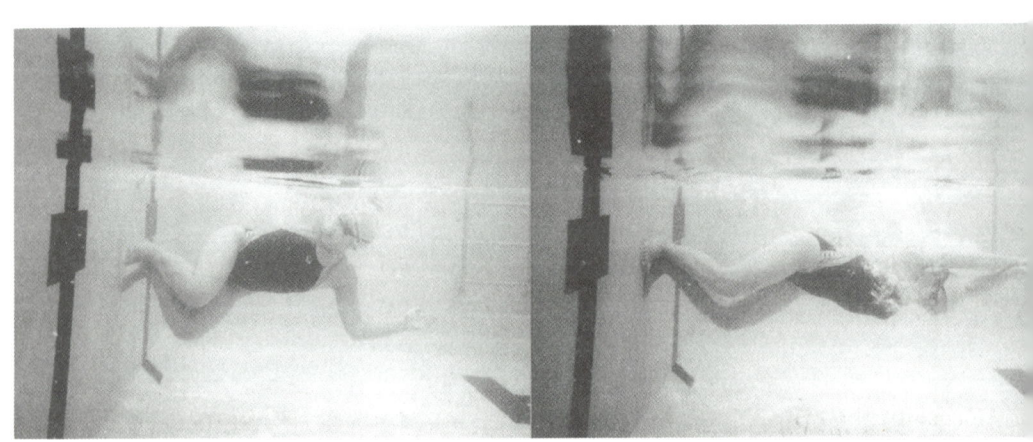

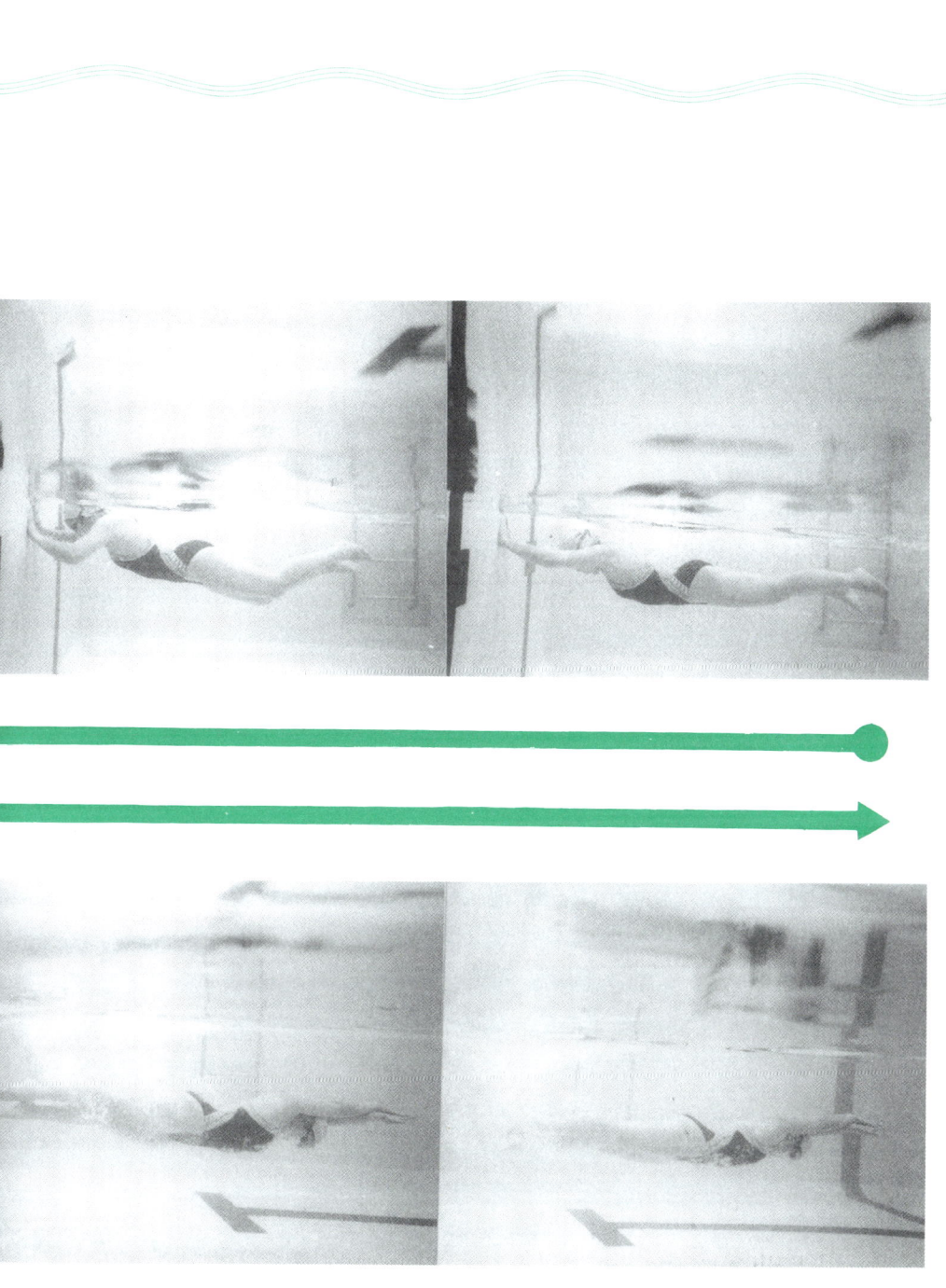

●어드바이스●

　서양 사람은 상하 운동이 격심한 평영을 하는 사람이 많고, 동양 사람은 유연한 헤엄을 하는 사람이 많은 것 같습니다. 그 이유는 팔 힘의 차이에 의한 것이라고 할 수 있습니다.
　전반적으로, 수영에서 동양 사람은 팔의 힘이 약하므로, 웨이트 트레이닝의 중점을 팔에 두고 있으며 스피드있는 수영을 할 수 있도록 하고 있습니다.

가장 화려한 접영

1. 평영으로부터 독립한 수영법. ■ 118
2. 헤엄치기 전의 연습 ①. ■ 120
3. 헤엄치기 전의 연습 ②. ■ 124
4. 손과 발을 좌우 대칭으로 움직인다. ■ 126
5. 수면 위로 기어오르시 않도록 한다. ■ 130
6. 호흡은 피니시와 동시에 한다. ■ 132
7. 킥할 때는 양발을 모아서 한다. ■ 134
8. 스타트는 평영보다 얕게 한다. ■ 136
9. 턴은 평영과 거의 같다. ■ 138

Part 5 SWIMMING
가장 화려한 접영

1. 평영으로부터 독립한 수영법.

접영(버터플라이)은 경영 4종목 중에서는 가장 역사가 짧은 수영법입니다.

1933년 미국의 메이어즈가 평영을 하면서 양팔을 동시에 되돌려 헤엄친 것이 그 시초였는데, 처음 한동안은 '버터플라이 평영' 이라고 불리었습니다.

1945년 이후에는 평영의 장거리 레이스에서 처음이나 마지막에 접영으로 헤엄치는 선수가 늘어나게 되었고, 드디어는 룰이 바뀌어 평영 레이스 전부를 접영으로 헤엄칠 수 있게 되었습니다.

그러나, 1952년 평영은 접영의 상대가 될 수 없게 되었기 때문에, 그 해를 마지막으로 평영 종목에서 접영을 사용할 수 없게 되었습니다. 그래서 1954년에 평영으로부터 독립하게 되었고, 1956년 멜버른 올림픽부터 올림픽 정식 종목이 되었습니다.

접영의 가장 큰 특징은 양발을 모아 킥하는 돌핀 킥(이 킥은 일본의 나가사와 지로오 선수가 고안해 낸 것인데, 그는 이 킥으로 세계 기록을 단번에 단축하였음)입니다. 초기의 접영은 평영의 개구리발을 사용하는 헤엄이었으나, 그 후 돌핀 킥이 인정되어 기록이 점점 갱신되었습니다. 역사가 짧지만 속도가 빨라, 크롤 다음으로 빠른 영법입니다. 또 호흡법도 평영으로부터 분리되었을 무렵에는 1번의 풀에 1번의 호흡을 하고 있었으나, 지금은 2번의 풀에 1번 호흡하는 방법을 사용합니다.

접영은 평영으로부터 분리된 것이므로, 규칙은 평영과 거의 같습니다. 그 하나로 양팔과 발을 동시에 좌우 대칭으로 움직이도록 하고 있습니다.

네 가지 영법 중에서 접영은 가장 어렵다고 할 수 있습니다. 풀

▲ 돌핀 킥의 고안자인 나가사와 지로오 선수.

이나 킥, 호흡 등의 동작이 타이밍에 맞게 행하여지지 않으면 잘 헤엄칠 수 없습니다. 기본을 착실히 숙달한 다음에 도전하십시오.

2. 헤엄치기 전의 연습 ①.

　물에 들어가기 전에 먼저 육상에서 허리 움직임을 연습합니다. 차려 자세에서 가슴을 펴고 엉덩이를 앞으로 내밀고, 다음에 엉덩이를 뒤로 내밉니다. 이때, 어깨는 움직이지 않도록 합시다.

　잘 되면 물 속으로 들어갑니다. 풀 사이드를 잡고, 몸을 수평으로 하여 육상에서 연습한 움직임을 이번에는 물 속에서 해 봅시다.

　엉덩이를 물 위로 내밀도록 하여 허리를 올리고, 다음에 엉덩이를 물 속에 들어가도록 하여 양발을 모아 무릎을 뻗은 채로 들어 올립니다. 끝으로 무릎을 굽히고, 발등으로 비스듬히 물을 뒤로 찹니다.

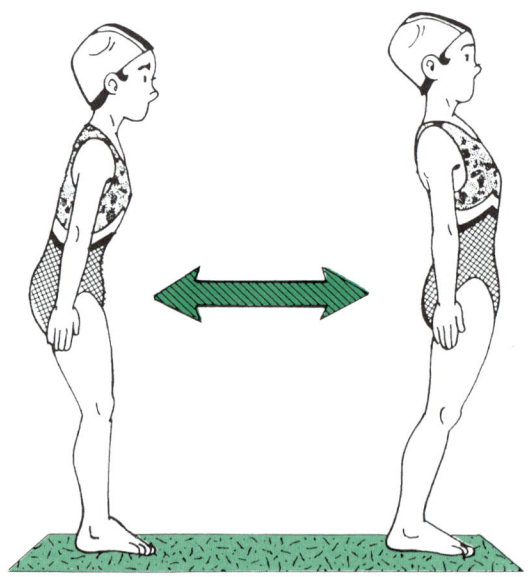

▲ 어깨는 움직이지 않고, 리드미컬하게 한다.

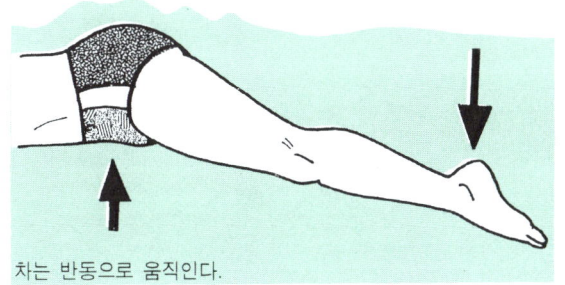

차는 반동으로 움직인다.

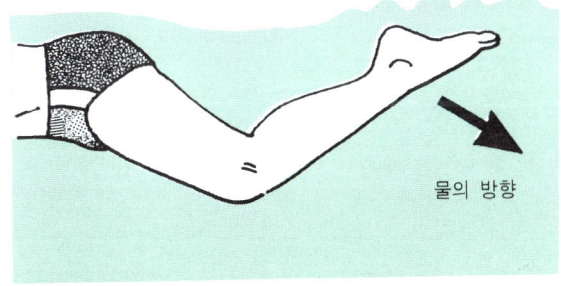

물의 방향

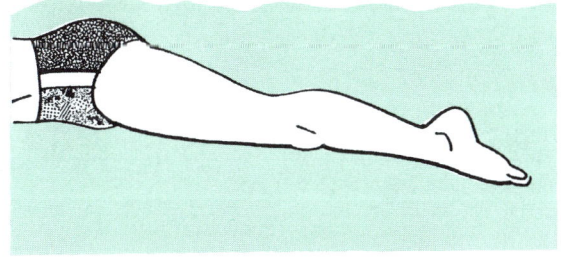

▲ 물을 비스듬히 뒤로 차내린다.

Part 5 SWIMMING
가장 화려한 접영

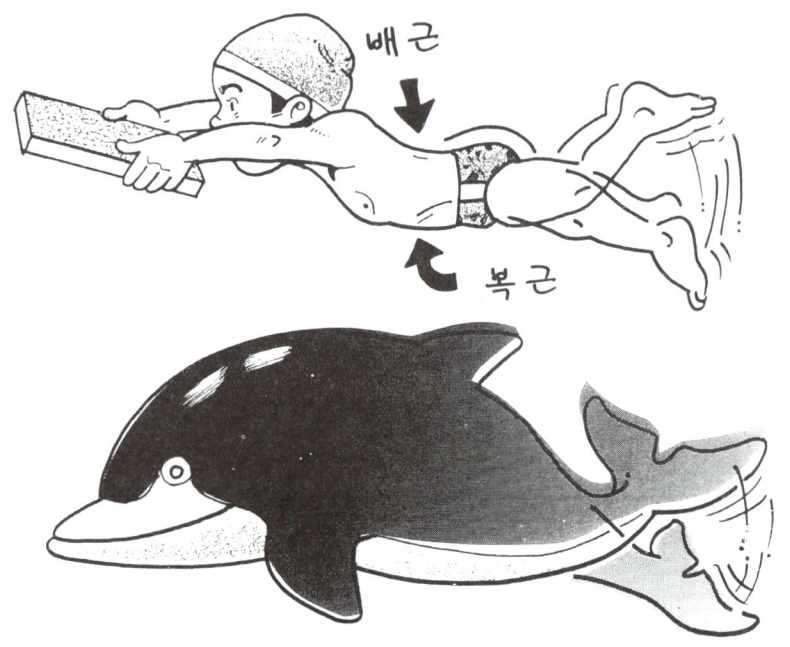

　여기서 중요한 것은 물을 차내릴 때에는 무릎부터 발끝까지 사용하여 비스듬히 뒤로 미는 느낌으로 차는 것입니다. 차기 시작할 때에는 무릎을 굽히고, 다 찼을 때에는 무릎을 뻗습니다.
　그것이 어느 정도 되면, 이번에는 비트판을 사용하여 연습합니다.
　비트판을 가지고 몸을 수평으로 뜨게 하여, 허리의 비틀기와 킥을 더하여 앞으로 나아갑니다. 돌고래의 헤엄법을 상상하면서 머리 꼭대기부터 발가락 끝까지 비틀면서 나아갑니다. 이 비틀기는 복근과 배근을 교대로 사용합니다.

●수영과 건강●

▶ **수영은 건강 스포츠이다.**

　건강 스포츠로서 수영이 주목을 받고 있습니다. 현대인에게 심각한 문제인 '운동 부족' 해소에 수영은 커다란 도움이 될 뿐만 아니라 실내 수영장이 많아지게 됨으로써 친근한 레크리에이션이 되어 왔습니다.
　조깅, 테니스, 골프, 에어로빅 등 인기를 끌고 있는 스포츠는 여러 가지 많이 있지만, 그러한 스포츠 이상으로 수영은 건강면에서 여러 가지 플러스 요소를 가지고 있습니다.

▶ **수평 자세로 행할 수 있다.**

　지상의 스포츠는 거의가 선 자세로 하는 것입니다. 달리거나 뛰는 것은 수직 자세로 있는 것이 전제가 됩니다. 이렇게 되면 아무래도 몸을 받치고 있는 여러 곳이 긴장을 하게 됩니다.
　한편 수영은 수평 자세가 기본입니다. 부력을 이용하여 뜨는 것이기 때문에 몸을 받쳐줄 필요가 없습니다. 덕분에 전신이 이완될 뿐 아니라 혈액의 순환이 매우 좋아지는 것입니다.

Part 5 SWIMMING
가장 화려한 접영

3. 헤엄치기 전의 연습 ②.

　다음은 팔 동작의 연습입니다. 상반신을 비스듬히 앞으로 숙이고, 손바닥을 아래로 향하여 양팔을 머리 위로 똑바로 뻗습니다. 크롤 영법에서의 손의 움직임을 생각하면서, 먼저 한 손으로 저어 봅시다. 손이 지나는 길은 크롤과 거의 다를 바가 없습니다.
　한 손으로 해 보고 느낌을 파악하였으면 양손으로 해 봅시다.
　잘 되면 호흡도 함께 해 봅시다. 손을 앞으로 뻗어 젓기 시작하여, 양팔이 어깨의 위치에 오면 숨을 코와 입으로 많이 내쉬면서 얼굴을 들기 시작하여, 풀의 후반에서 완전히 턱을 앞으로 내밀고, '흡'하고 숨을 들이쉽니다.
　그리고, 양손을 앞으로 모으면서 턱을 원래의 위치로 당기고 양손을 입수합니다. 여기서는 손이 입수하기 전에 턱이 완전히 원래의 위치에 와 있는 것이 중요합니다.

● 접영의 스트로크 연습

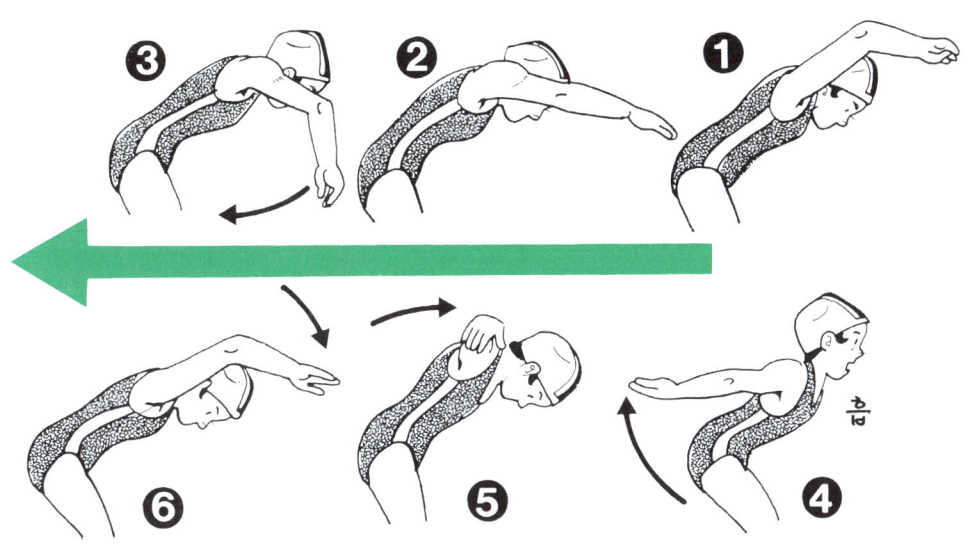

▲ 팔 동작에 호흡을 더하여 연습한다.

▲ 물 위에서 스트로크 연습을 한다.

4. 손과 발을 좌우 대칭으로 움직인다.

그러면, 실제로 헤엄쳐 보기로 합시다.
접영은 평영과 마찬가지로 양팔과 발을 동시에 좌우 대칭으로 움직여야 합니다.

●손으로 젓는 법●

입수

① 손은 크롤과 똑같이 손가락 끝부터 어깨폭 정도 벌리고 입수합니다. 이때, 손바닥을 45도 정도 바깥쪽으로 기울이고, 엄지손가락 쪽부터 물에 들어가도록 합니다.

캐치와 풀

② 다음에 팔꿈치를 똑바로 뻗어서, 손바닥의 간격이 어깨폭보다 조금 넓어질 때까지 손바닥을 바깥쪽으로 향하여 물을 젓습니다. 여기가 캐치 포인트가 됩니다.

③ 캐치 포인트부터 점차 팔꿈치를 굽히면서 물을 저어 가는데, 이때 팔꿈치를 높이 유지하는 것이 중요합니다. 접영의 하이 엘보는 팔꿈치를 약간 옆으로 올려 겨드랑이 아래를 크게 벌리는 느낌으로 해야 됩니다.

④ 양 손바닥의 간격이 최대가 된 때부터 팔꿈치를 더욱 굽히면서 손바닥으로 원을 그리듯이 배 근처로 가져옵니다.

푸시

⑤ 여기서 양손이 닿을 정도로 접근하고, 다음에 물을 뒤로 미는 느낌으로 허리 옆으로 가져옵니다. 이것을 푸시라고 합니다. 푸시는 풀보다도 훨씬 힘을 넣어 미는 것입니다.

리커버리

⑥ 푸시가 끝난 손은 넓적다리 근처를 지나 새끼손가락 쪽부터 먼저 수면 위로 나갑니다. 처음 배울 때에는 거기까지 젓지 못하고, 배 옆으로부터 손이 나와 버리는 일이 있으므로 주의합시다.

접영의 풀도 다른 영법과 마찬가지로 팔꿈치를 굽혔다 폈다 하면서 행합니다. 이때 손바닥의 움직임을 아래에서 보면 마치 열쇠 구멍과 같은 형태가 됩니다. 처음에는 좌우로 크게 벌리고, 다음에는 차츰 몸의 중심으로 가져와서 배 근처를 지나면 다시 좌우로 벌립니다.

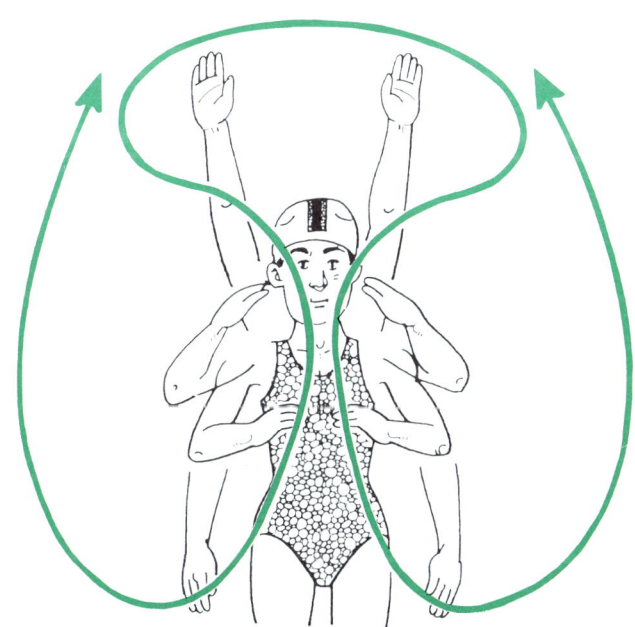

▲ 손바닥의 움직임은 열쇠 구멍과 같다.

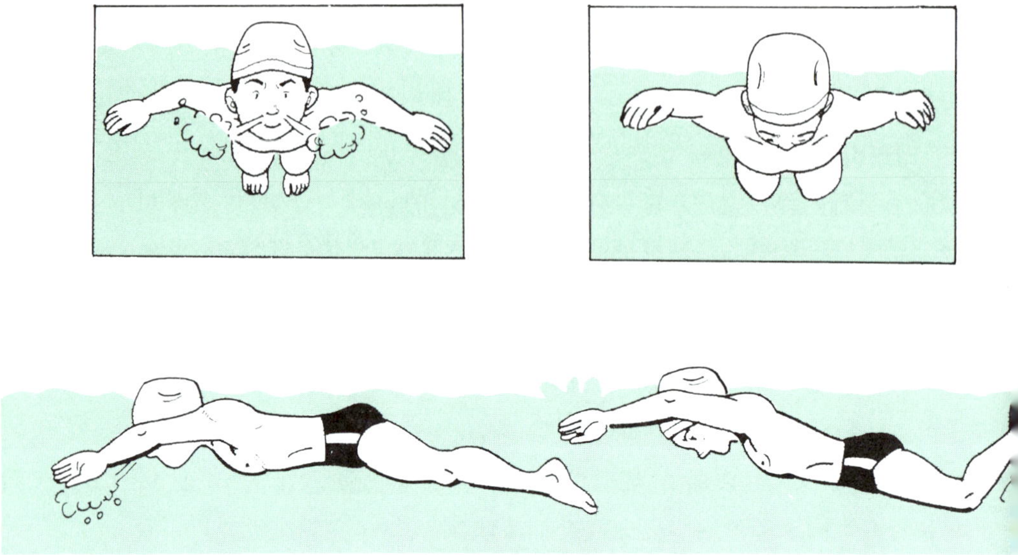

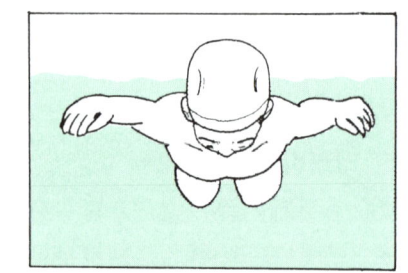

② 캐치 포인트

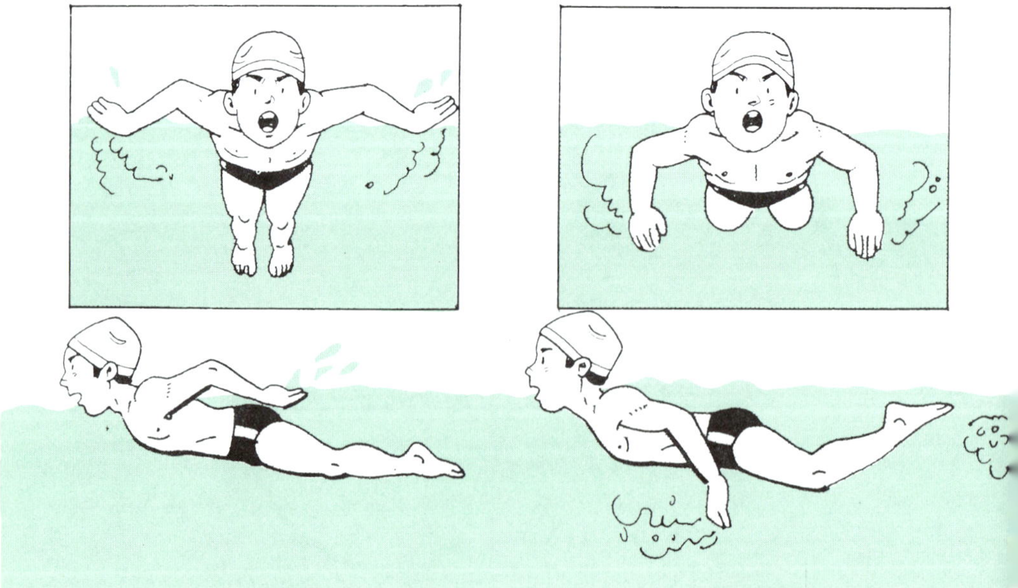

⑥ 리커버리　　　　　⑤ 푸시

● 손의 움직임과 호흡의 타이밍(접영)

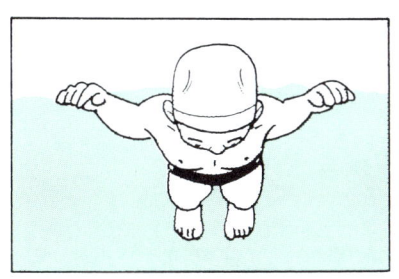

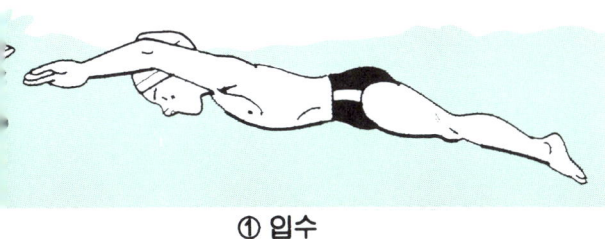

① 입수

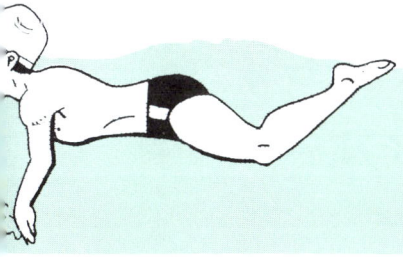

④ 풀 후반

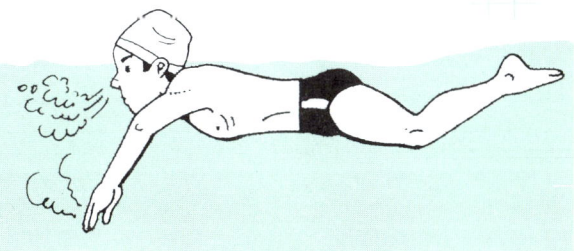

③ 하이 엘보

Part 5 SWIMMING
가장 화려한 접영

5. 수면 위로 기어오르지 않도록 한다.

입수한 팔로 젓기 시작할 때에 물을 세게 아래로 밀면, 상체가 수면 위로 올라가고 허리가 내려가서 몸이 바로 서게 됩니다. 따라서, 수면 위로 기어오르는 듯한 상태가 되며, 높이 올라가면 올라갈수록 그 반동으로 인해 다음 순간에 그만큼 깊이 가라앉아 버립니다.

이러한 동작으로는 앞으로 나아가지 않을 뿐만 아니라, 곧 힘이 빠져 버립니다.

그래서, 팔이 입수하면 손으로 물을 세게 아래로 미는 것을 피하고, 약간 비스듬히 아래로 벌리면서 미는 것이 수면 위로 기어오르지 않고 몸을 수평으로 유지하는 방법입니다. 이때, 엉덩이를 들어 올리는 것이 중요합니다.

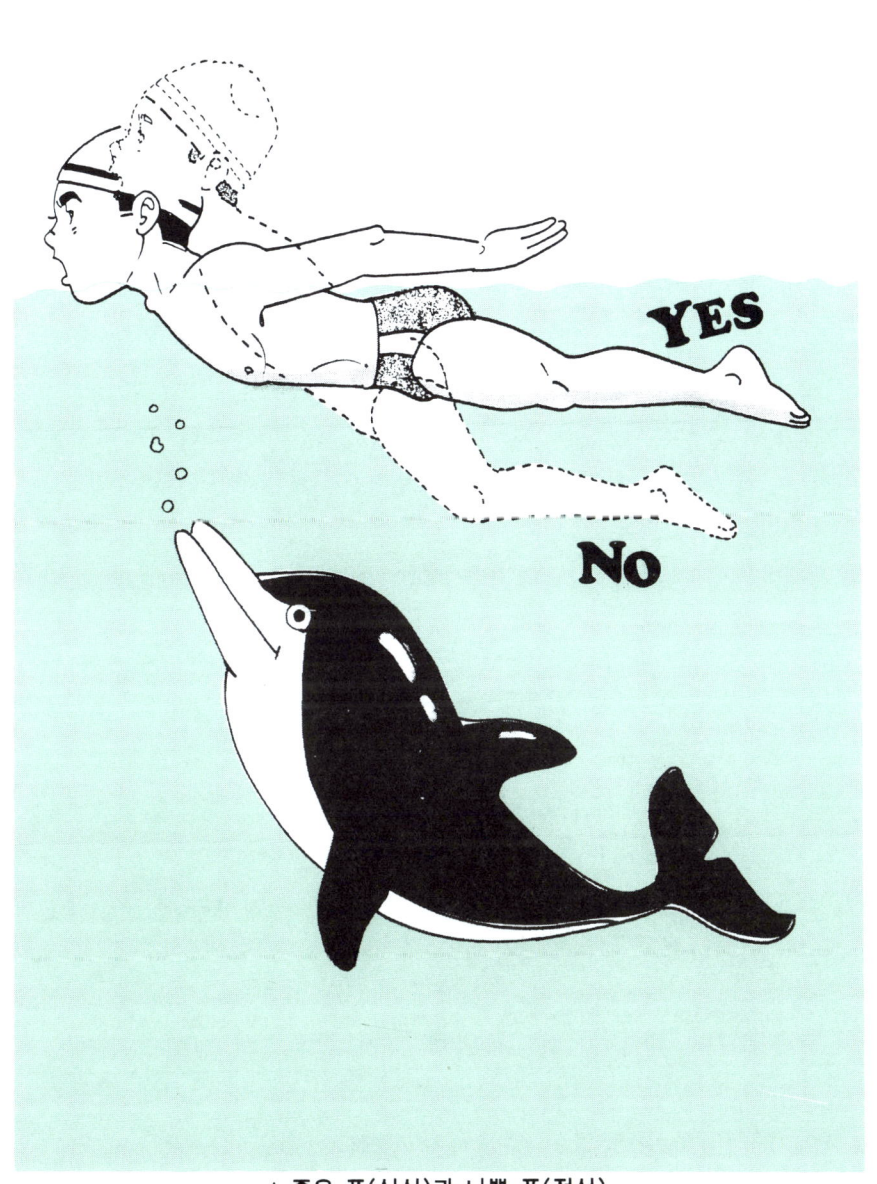

▲ 좋은 폼(실선)과 나쁜 폼(점선).

6. 호흡은 피니시와 동시에 한다.

접영의 호흡법은 평영에서 처음 독립하여 나왔을 때는 1번의 풀 동작에 1번 호흡하는 방식이었으나, 지금은 2번의 풀에 1번 호흡하거나, 또는 25m를 헤엄치는 동안에 한두 번의 호흡밖에 하지 않는 경우도 있습니다.

호흡의 타이밍은 입수(그림 ①) 후에 손을 바깥쪽으로 향하여 물을 젓고(그림 ②), 손바닥 간격이 최대인 때부터 얼굴을 들기 시작하여, 코와 입으로 동시에 숨을 전부 내쉽니다(그림 ③).

얼굴을 완전히 들었을 때 즉시 입으로 숨을 들이쉰 후 피니시 때까지 호흡을 마치도록 합니다(그림 ④). 그리고 리커버리에 맞추어 얼굴을 앞으로 숙입니다(그림 ⑤).

물결이 커서 호흡하기 어려울 때는 무리하게 호흡할 필요가 없습니다. 물을 마시면 오히려 리듬이 무너져 버립니다.

숨을 들이쉰 후의 풀에서는 숨을 내쉬지 않습니다. 숨을 들이쉬면 즉시 얼굴을 물 속으로 넣고, 목을 될 수 있는 대로 앞쪽으로 뻗어서 양 손바닥으로 물을 누르면서 앞쪽으로 뻗어 나가 물의 저항을 되도록 적게 받도록 합니다.

숨을 들이쉴 때에는 턱을 올리는 것이 중요합니다.

숨을 내쉬는 것은 다음의 풀 때입니다. 물 속에서는 될 수 있는 대로 숨을 멈추어 두고, 다음에 숨을 들이쉬기 위해 얼굴을 들기 직전에 물 속에서 세게 내쉽니다.

접영에서는 팔의 젓기와 머리의 상하 운동과의 타이밍이 매우 중요합니다. 숨을 들이쉰 후에는 팔의 리커버리와 동시에 얼굴을 숙이기 시작하여 양팔이 입수하기 전에 완전히 물 속에 들어가 있는 타이밍을 빨리 파악하도록 합시다.

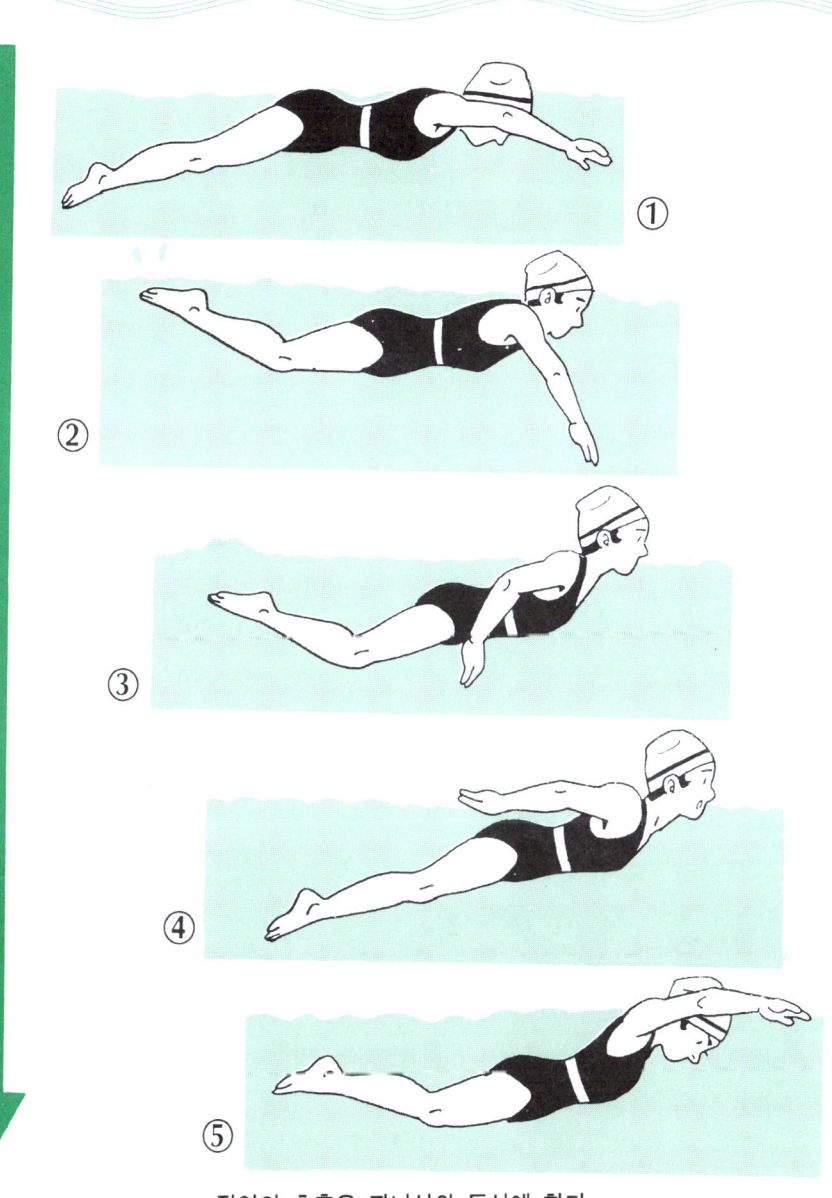

▲ 접영의 호흡은 피니시와 동시에 한다.

7. 킥할 때는 양발을 모아서 한다.

접영에는 두 가지 큰 특징이 있습니다. 그 하나는 양발을 모아서 돌고래처럼 물을 차는 '돌핀 킥(Dolphin Kick)'이며, 다른 하나는, 손으로 물을 한 번 저을 때 두 번 차는 '원스트로크 투킥(One-Stroke Two-Kick)'입니다. 1954년 처음 접영이 선보였을 때는 '원 킥' 방식과 '스리 킥' 방식이 시도되었지만, 현재는 일본의 '투 킥' 방식이 세계적으로 정착되어 있습니다.

킥할 때에는 발을 쭉 뻗어 발뒤꿈치가 허리와 일직선이 되면, 발뒤꿈치를 위로 하여 무릎을 구부리기 시작합니다. 무릎의 각도가 90도 정도까지 꺾어지면 발목을 유연하게 하여 발등으로 물을 뒤쪽으로 누르듯이 찹니다. 이때, 발끝이 수면 위로 너무 나오지 않도록 하는 것과 반드시 두 발을 모아서 차는 것이 중요합니다.

발로 물을 차는 시기(Kick Timing)는 첫 번째 손이 물 속으로 들어갈 때이고, 두 번째는 손으로 물을 밀어낸 직후입니다. 첫 번째의 킥은 속도를 유지하기 위해 하는 것이므로 될 수 있는 대로 크게 차는 것이 중요합니다. 두 번째의 킥은 추진력에는 그다지 도움이 되지 않지만 팔로 물을 저을 때 상체가 세워져 엉덩이가 밑으로 내려가는 것을 막아 줍니다. 즉, 두 번째의 킥은 허리를 띄우기 위한 킥이므로 물 속에서 작게 차는 것이 요령입니다. 첫 번째나 두 번째 킥 모두 무릎을 90도 이상으로 너무 많이 구부리지 않도록 주의해야 합니다.

접영은 팔 동작과 머리의 상하 움직임, 팔 동작과 킥 등의 균형과 타이밍이 중요한 수영법입니다. 하나하나의 동작이 어느 정도 잘 되더라도 타이밍이 맞지 않으면 아무 소용이 없습니다.

●전신 운동이 되는 수영●

 테니스의 경우 오른손잡이는 몸의 오른쪽에 치우치는 움직임이 아무래도 많게 됩니다. 조깅의 경우도 하반신만을 사용하는 경우가 거의 대부분입니다.
 이와 같이 종목에 따라서는 몸의 일부에 운동이 집중되기 쉽습니다. 그렇게 되면 균형 있게 몸을 단련할 수가 없게 될 것입니다.
 그러나 수영은 팔을 돌리고 킥을 하고 허리를 움직이면서 하는 전신 운동입니다. 또 좌우 대칭의 동작이 많아서 근력의 균형을 유지하는 데에도 최석입니다. 성장기의 아동에게 수영이 좋다고 하는 이유도 실은 이러한 점에 있습니다.

8. 스타트는 평영보다 얕게 한다.

접영의 스타트는 준비 자세부터 입수까지는 크롤이나 평영과 같습니다. 다만, 크롤보다는 약간 깊게, 평영보다는 약간 얕게 입수합니다.

① 먼저, '준비'의 구령에 한 걸음 앞으로 나가서 양발을 주먹 하나 또는 둘 정도의 간격으로 벌리고, 발가락 끝을 오므려 스타트 대의 끝에 단단히 댑니다.

② 다음에, 상체를 앞으로 숙여 스타트 대의 앞쪽 끝을 잡습니다. 손의 위치는 양발의 바깥쪽이든 양발의 사이든 어느 쪽이나 상관없습니다. 이때 몸의 중심을 될 수 있는 대로 앞으로 옮깁니다.

③ 출발 신호와 동시에 스타트 대를 미는 듯한 느낌으로 몸을 앞으로 뉘어 스타트 대를 차며 물에 뛰어듭니다.

④ 공중에서는 몸을 똑바로 뻗어, 양 손바닥을 앞에서 겹치도록 하여 귀에 양팔을 대고, 물의 저항을 가장 적게 받는 형태로 만듭니다.

⑤ 물 속에서는 몸에 받는 물의 저항을 적게 하기 위하여 손, 머리, 어깨, 몸통의 순서로 같은 지점을 지나 입수하도록 합니다. 이렇게 입수하면 물보라가 많이 튀지 않습니다.

수면에 대하여 35도 정도의 각도로 입수하는 것이 좋고, 몸을 똑바로 하여 수면과 평행으로 나아갑니다. 속도가 떨어지기 전에 킥을 하고, 팔로 물을 저음과 동시에 다시 킥하여 떠오릅니다.

수영의 스타트에는 그래브 스타트와 암 스윙 스타트가 있는데, 그래브 스타트는 양손으로 스타트 대를 잡기 때문에 중심을 앞으로 옮겨도 팔로 지탱하고 있어서 파울 스타트를 쉽게 범하지 않는 큰 이점이 있습니다.

● 접영의 스타트

9. 턴은 평영과 거의 같다.

접영의 턴 동작은 평영과 거의 같습니다. 양손으로 동시에 같은 높이의 벽을 터치한 다음에 턴하지 않으면 실격이 됩니다.

턴을 할 때 가장 중요한 점은 턴 전의 속도를 될 수 있는 대로 떨어뜨리지 않는 것입니다.

① 타이밍을 맞추기 위해서 벽으로부터 5m 정도 앞까지 접근하면, 스트로크를 조정합니다. 손을 앞으로 다 뻗었을 때 벽에 손이 닿도록 합니다.

② 손가락 끝이 벽에 닿으면 그대로 힘을 빼고, 손바닥 전체가 벽에 닿도록 하여 오른손(어느 쪽 손이든 하기 쉬운 손으로)을 아래로 내립니다.

③ 속도를 떨어뜨리지 않게 왼손의 팔꿈치를 굽혀 머리를 벽에 접근시키고 허리를 비틀면서 무릎을 굽히기 시작합니다.

④ 머리가 벽에 가장 가까이 접근하였을 때 재빨리 발을 당기고, 오른손으로 물을 벽 쪽으로 밀면서 몸을 반대 방향으로 회전시킵니다.

⑤ 왼손으로 벽을 밀고 오른손으로 물을 민 힘을 이용해 양발을 벽에 댑니다. 이때, 허리가 벽에서 멀어지지 않도록 합니다.

⑥ 양발이 벽에 닿음과 동시에 팔을 뻗으면서 머리를 흔들어 상체가 물 속에 잠기게 합니다.

⑦ · ⑧ 양손을 뻗어서 앞에서 겹치고, 벽을 발로 강하게 찹니다.
평영의 경우 출발점 및 반환점에서는 수면 아래에서 1번의 스트로크와 1번의 킥밖에 허용되지 않지만, 접영은 킥의 횟수에 제한이 없습니다. 킥을 한 번 하고, 팔로 물을 저음과 동시에 다시 킥하고 떠오릅니다.

● 접영의 턴

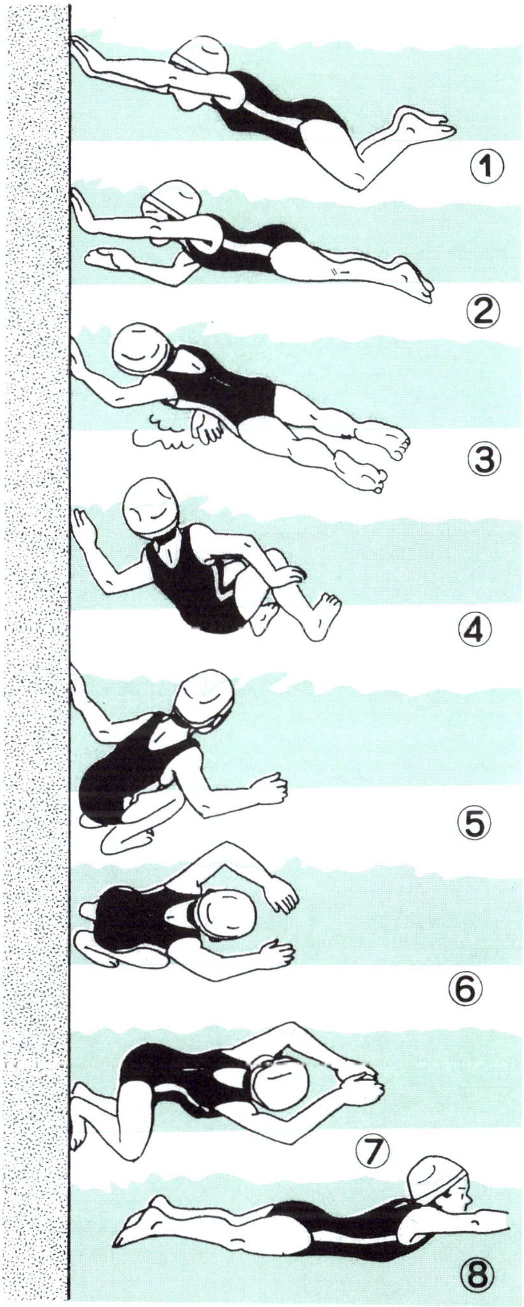

Part 5 SWIMMING 가장 화려한 접영

● 접영의 턴은 가볍게

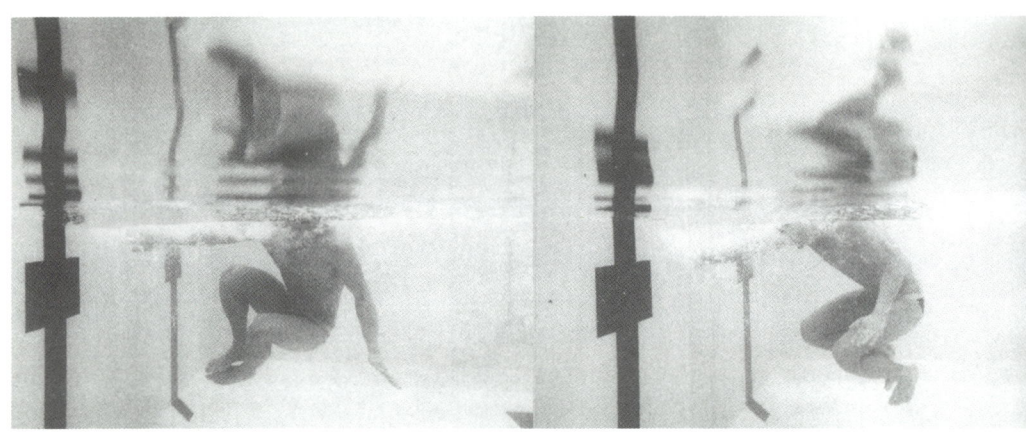

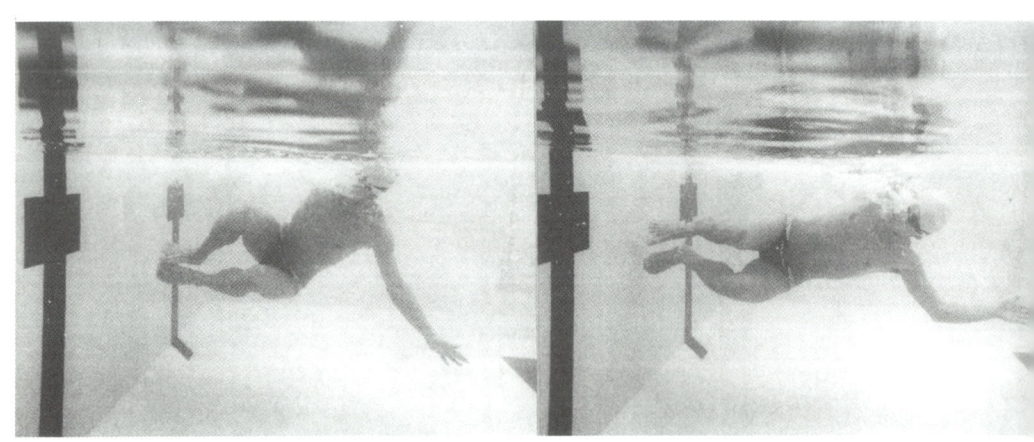

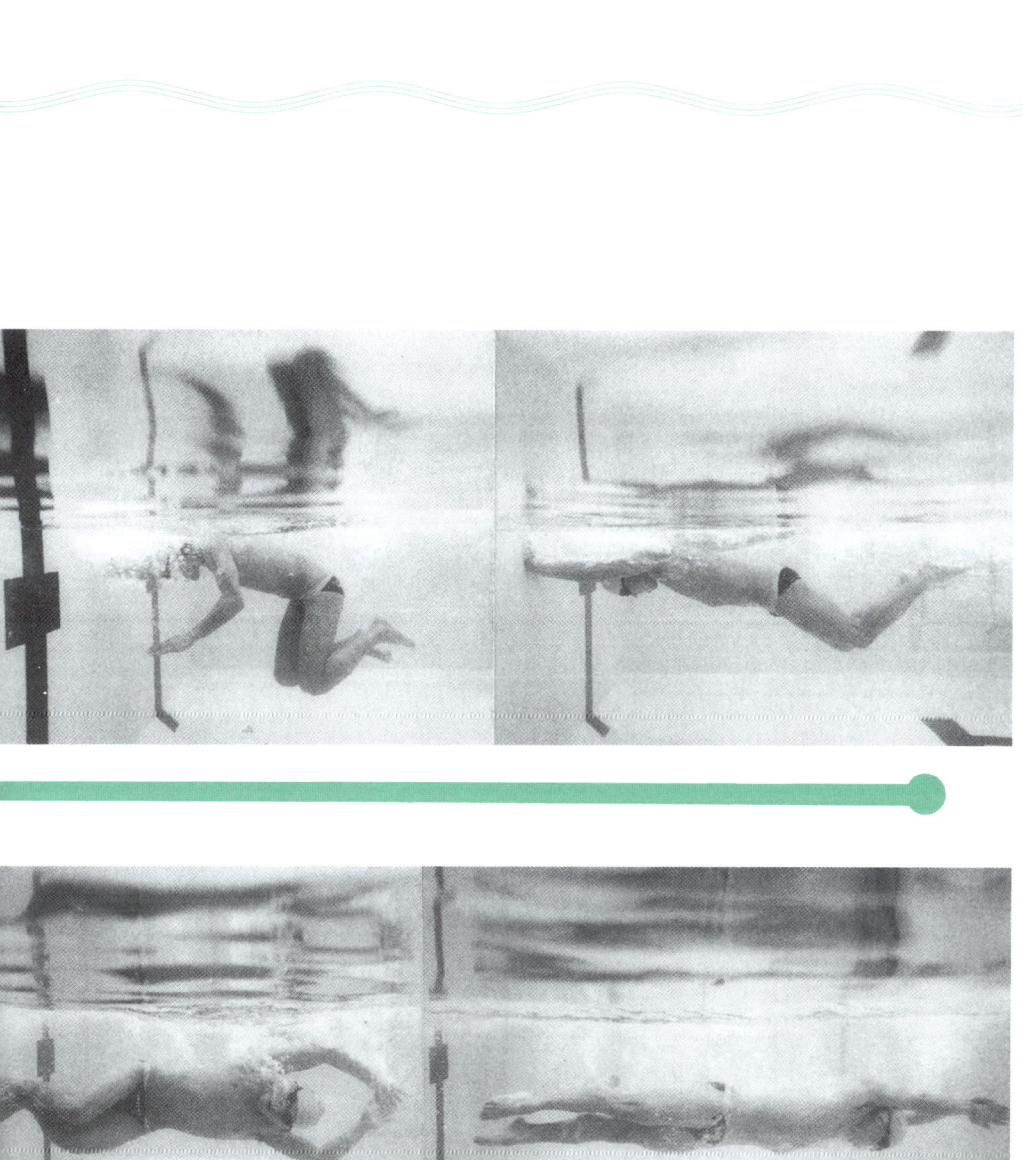

●나비처럼 화려하게●

여러 가지 수영법 중에서도 접영은 가장 움직임이 다이내믹하며, 수면 위에서 양팔을 벌리는 동작이 나비의 모습과 매우 흡사합니다. 자신이 정말로 나비가 된 것 같은 기분으로 물 속을 화려하고 힘차게 헤엄쳐 나아가 봅시다.

룰과 명선수로의 길

1. 스타트. ■ 144
2. 모든 영법에 공통된 사항들. ■ 146
3. 자유형. ■ 148
4. 배영. ■ 150
5. 평영. ■ 152
6. 접영. ■ 154
7. 혼영과 혼계영. ■ 156
8. 당신도 명선수가 될 수 있다. ■ 158
9. 이것만은 반드시 실천합니다. ■ 160
10. 여러 가지 수중 운동. ■ 164

Part 6 SWIMMING
룰과 명선수로의 길

1. 스타트.

지금까지의 내용을 모두 배우고 난 후 어느 정도의 거리를 헤엄칠 수 있게 되어, 어떤 경기에 참가하게 되었다고 합시다. 좋은 성적을 올리기 위해서는 어떤 것을 생각하고, 어떻게 연습하면 좋을까요.

경기는 일정한 거리를 될 수 있는 한 빨리 헤엄쳐야 합니다. 그러기 위해서는 다음과 같은 것이 필요합니다.

① 효율적으로 헤엄치기 위한 뛰어난 기술.
② 어느 일정 시간 동안 계속 헤엄칠 수 있는 체력과 그것을 지탱하는 심장과 폐 기능의 향상.
③ 규칙을 알고 그것에 위반하지 않고 헤엄칠 수 있는 능력.
④ 지속적인 연습을 하고 경기에 나가서도 평소의 힘을 충분히 발휘할 수 있는 정신력.

그러면, 경영의 규칙을 잠깐 알아보겠습니다.

●스타트●

① 자유형, 평영, 접영의 스타트는 뛰어들기를 한다. 다만, 배영의 경우는 물 속에서 스타트 지점을 본 채 양손으로 스타팅 그립을 잡고, 일직선으로 나란히 선다.
② 선수는 '준비'의 구령으로 스타트의 자세를 취하고, 그 이후는 스타트의 신호가 있을 때까지 기다린다.
③ 반칙이 있어서 정상적인 스타트를 할 수 없게 된 경우, 우선 선수를 불러 주의를 준다. 두 번째로 파울을 한 선수가 있을 경우에는 첫 번째 파울을 한 선수가 아니더라도, 두 번째의 위반자를 실격으로 한다.

▲ 자유형, 평영, 접영의 뛰어들기 스타트.

2. 모든 영법에 공통된 사항들.

① 자기의 레인을 벗어나서 다른 사람의 레인에 들어가거나, 다른 사람의 경기를 방해하였을 때에는 실격된다.
② 레이스 중 수영장의 바닥에 서는 것은 위반이 되지 않으나, 바닥을 걷거나 차면서 레이스를 계속하거나, 레인 로프를 잡는 경우에는 위반이 된다.

▲ 다른 사람의 레인에 들어가서는 안 된다.

▲ 레인을 구분하는 로프를 잡거나 걸어서는 안 된다.

3. 자유형(크롤).

① 어떤 수영법을 택하든지 자유롭게 헤엄칠 수 있고, 도중에서 수영법을 바꾸어도 상관없다.
② 반환점에서 수영장 벽에 손이든 발이든 몸의 일부가 닿으면 된다.
　다만, 반환점은 수영장 벽에 닿아야만 인정되고, 바닥에 발을 대는 것은 인정되지 않는다.
③ 결승점 터치도 몸의 일부가 결승점 벽에 닿으면 된다.

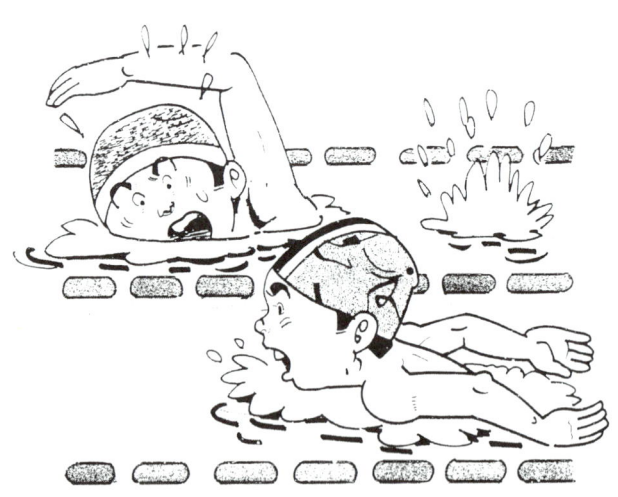

▲ 자유형은 어떤 영법이라도 좋다.

▲ 반환점에서는 몸의 일부가 벽에 닿아야 한다.

▲ 머리로 골 터치를 하여도 좋으나, 손보다 늦다.

Part 6 SWIMMING
룰과 명선수로의 길

4. 배영.

① 배영은 물 속에서 양손으로 스타팅 그립을 잡고 준비 자세를 취한다. 양발은 발끝을 포함하여 수면 아래에 있어야 한다. 이 때, 수영장의 바닥에 서거나 발을 배수구에 얹거나 해서는 안 된다.

② 역영 중에는 턴 동작 외에는 항상 뒤로 누운 자세를 유지하여야 한다.

③ 결승점에 터치할 때, 머리나 어깨, 손 또는 팔이 수영장의 벽에 닿기 전에 뒤로 누운 자세가 무너지면 위반이 된다.

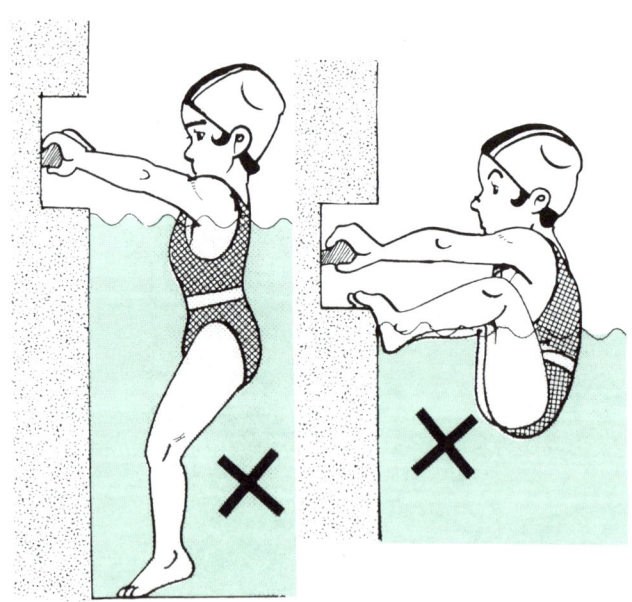

▲ 출발시 수영장의 바닥에 서거나 발을 배수구에 얹지 말 것.

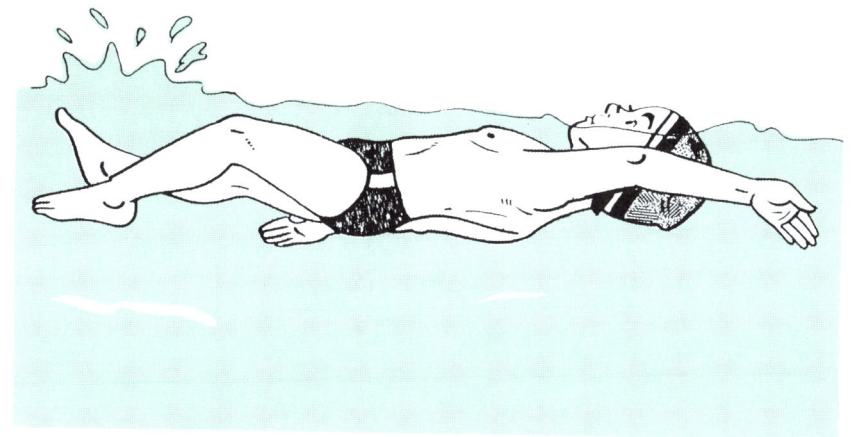

▲ 경영 중에는 항상 뒤로 누운 지세가 되어야 한다.

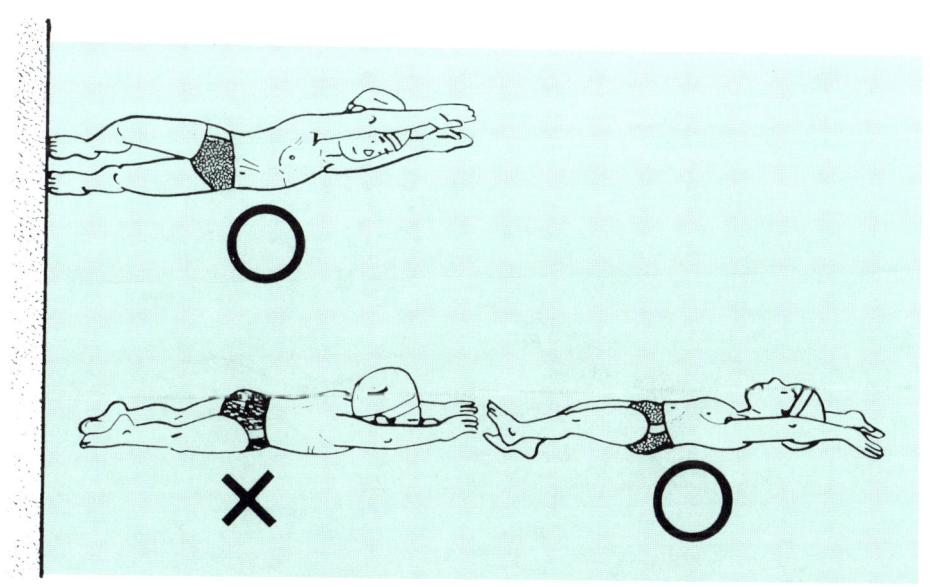

▲ 턴 동작이나 벽에 몸이 닿아 있는 동안은 뒤집어도 좋다.

5. 평영.

① 출발 및 반환점에서는, 수면 아래에서 한 번의 스트로크, 한 번의 킥만 허용된다.
② 역영 중에 한 번의 스트로크, 한 번의 킥 동작을 하고 있는 동안에는 머리의 일부가 수면 위로 나와 있어야 한다.
③ 몸은 배를 아래로 하여 엎드린 자세로 양 어깨는 수평을 유지하고, 어느 쪽으로든 기울어져서는 안 된다.
④ 양손은 수면 위든 수면 아래든, 어깨로부터 가지런히 모아 앞

▲ 스트로크, 킥 중에는 머리의 일부가 수면 위로 나와 있어야 한다.

으로 내밀어 옆으로 벌리면서 젓는다.
⑤ 양발은 무릎을 굽히면서 당기고, 다시 발을 벌리면서 원형으로 바깥쪽을 향해 찬다. 양발을 상하로 움직여서는 안 된다.(돌핀 킥을 하여서는 안 된다.)
⑥ 반환점의 터치는 양 어깨를 수평으로 해서 양손이 동시에 닿아야 하나, 같은 높이가 아니라도 좋다.
또, 수면 아래든 수면 위든 어느 쪽이라도 상관없다.

▲양 어깨는 수평으로 나란히 해야 한다.

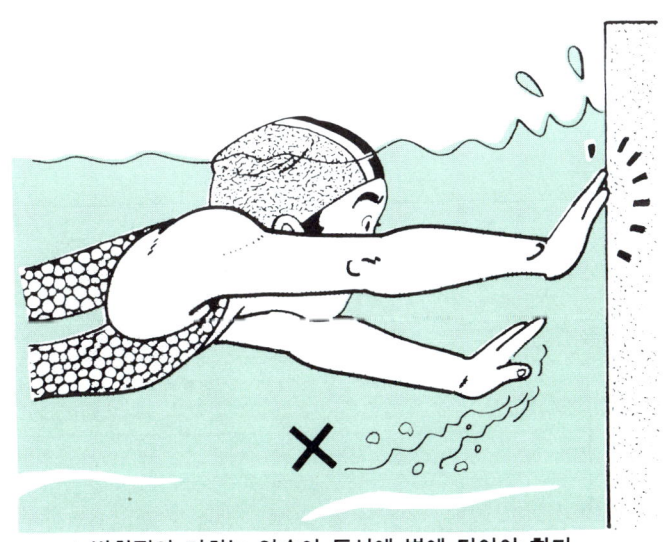

▲반환점의 터치는 양손이 동시에 벽에 닿아야 한다.

6. 접영.

① 출발 및 반환점의 반환 후에는, 수면 위로 떠오르기 위하여 수면 아래에서 몇 번이든 킥을 해도 좋으나, 팔은 한 번만 저어야 된다.
② 양발의 동작은 모두 동시에 대칭으로 행하여야 한다. 또 상하 운동은 좋으나, 상하 교대로 움직여서는 안 된다.
④ 양팔은 수면 위로 함께 앞쪽으로 내밀어 동시에 뒤로 젓는다. 한 팔이 레인 로프에 걸려서 빠지지 않을 때에는 반칙이 된다.
⑤ 반환점 및 결승점 터치는 양손으로 동시에, 같은 높이로 해야 한다.

▲ 출발 및 반환점의 터치 후에 수면 아래에서는 한 번만 젓는다.

▲ 킥은 발을 상하 교대로 움직여서는 안 된다.

▲ 반환점 및 결승점 터치는 양손을 동시에 같은 높이로 해야 한다.

Part 6 SWIMMING
룰과 명선수로의 길

7. 혼영과 혼계영.

●개인 혼영(Individual Medley)●
혼자서 헤엄치는 개인 혼영에서는 반드시,
① 정해진 거리를 A-접영, B-배영, C-평영, D-자유형의 순서로 각각의 수영법에 따라 헤엄쳐야 한다.
② D-자유형은 A, B, C 이외의 수영법으로 헤엄쳐야 한다.

●계영(Freestyle Relays)●
① 정해진 거리를 4명의 선수가 경기 전에 정해진 순서대로 헤엄친다.
② 앞선 순서의 선수가 벽에 터치하기 전에 다음 선수가 출발대에서 발이 떨어졌을 경우 그 팀은 실격이 된다.

●혼계영(Medley Relay)●
① 정해진 거리를 A-배영, B-평영, C-접영, D-자유형의 순서로 각각의 수영법에 따라 4명의 선수가 차례대로 헤엄쳐야 한다.
② D-자유형은 A, B, C 이외의 수영법으로 헤엄쳐야 한다.

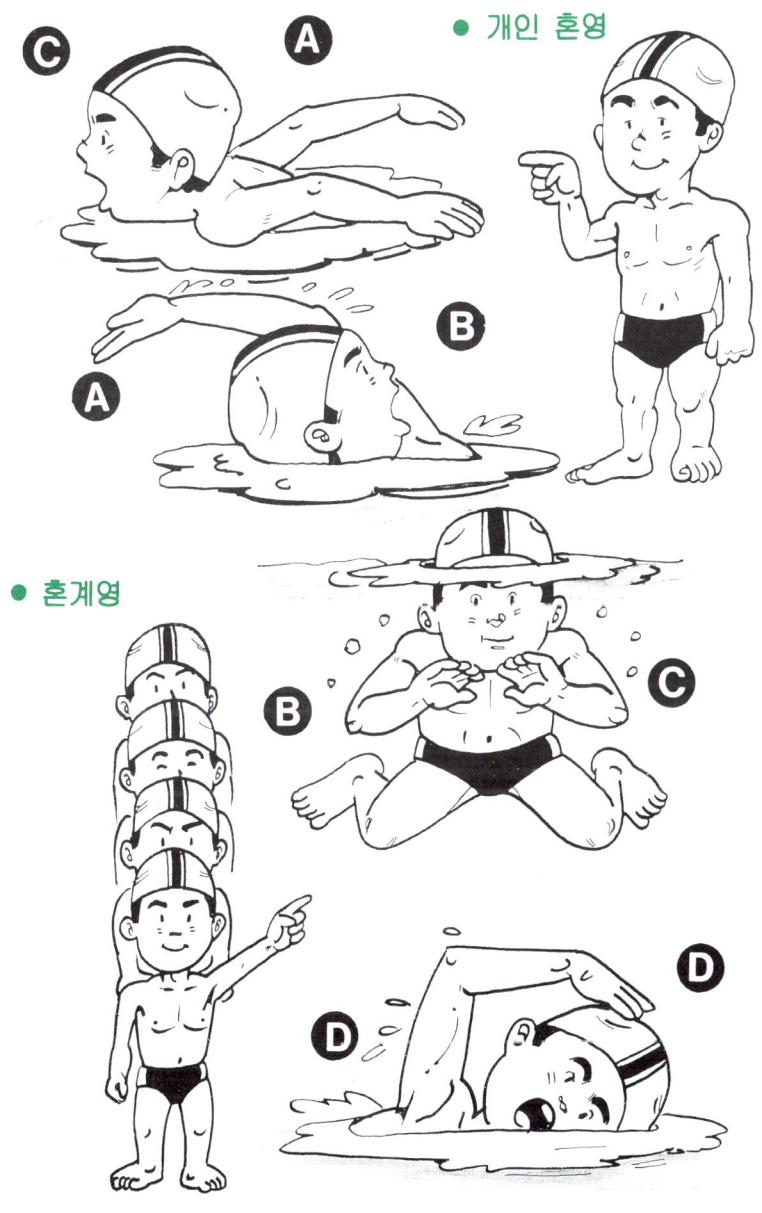

▲ 혼영의 순서는 정해져 있다.

8. 당신도 명선수가 될 수 있다.

어떤 스포츠에서도 마찬가지이지만, 다른 사람보다 잘하기 위해서는 그만큼 다른 사람보다 더 열심히 노력해야 합니다.

예를 들면, 올림픽에 출전하는 선수는 대체로 하루에 두 차례 정도 연습합니다. 경기장을 몇백 번이나 왔다갔다 하거나, 반복하여 헤엄칩니다. 타고난 재능도 필요하겠지만, 역시 일류 선수가 되려면 그만큼 많은 연습을 해야 합니다.

그러나, 물에 들어가서 헤엄만 친다고 해서 무조건 일류 선수가 되는 것은 아닙니다. 보다 빠르게 헤엄치려면, 올바른 수영 기술을 숙달하는 것, 즉 기본을 충실히 익히는 것이 무엇보다도 중요합니다.

수영의 올바른 기본을 몸에 익히려면, 몇 번이든 끈기있게 정확한 수영 기술을 되풀이하여 연습해야 합니다. 반복 횟수가 많은 사람일수록 헤엄을 잘 치게 됩니다.

수영은 이론이나 기술을 완벽하게 배웠다고 해도 몸 전체로 습득하지 않으면 의미가 없습니다. 몸이 자연스럽게 바른 수영을 할 수 있을 때까지 몇 번이든 끈기있게 연습하십시오.

정확히 하는 것과, 그렇지 않은 것과는 똑같이 100m를 헤엄치는 경우라도, 손과 발의 움직이는 횟수에 있어 큰 차이가 납니다.

헤엄을 잘 치는 사람은 100m를 헤엄치는 데 50번 정도 팔을 움직입니다. 그런데, 초보자의 경우에는 100번 이상 팔을 움직여 물을 저어야 합니다.

이것으로도 정확하게 헤엄을 치면, 얼마나 쉽고 빨리 헤엄칠 수 있는가를 잘 알았으리라고 생각합니다.

또 하나, 보다 빨리 헤엄치기 위해서는 무슨 일이든 평상시에

도 적극적으로 임하는 자세가 중요합니다. 항상 '강하게 되자'라고 생각하고 있는 사람과, '져도 좋다'라고 생각하고 있는 사람은 실력 향상에 있어서 큰 차이가 납니다.

9. 이것만은 반드시 실천합니다.

무슨 일이라도 적극적으로 하려는 자세를 가지고 일류 선수가 되기 위해서 다음 8가지를 실천하도록 하십시오.

① 자기 나름대로의 목표를 세운다.

작은 목표라도 좋으므로 자기 나름대로의 목표를 세워서 연습합시다.

오늘은 다리(킥)를 강화하기 위한 연습을 하고, 내일은 손(풀)의 움직임을 연구한다든가 하는 목표를 세우면 내용있는 연습을 할 수 있습니다. 그렇게 하면 자기 나름대로 세운 목표를 달성하는 데에 큰 도움이 됩니다.

② 충분한 영양을 확실히 섭취하자.

빨리 헤엄치기 위해서는 튼튼한 몸이 필요합니다. 그러기 위해서는 무엇보다도 좋고 싫은 것을 구분하지 말고 균형 있는 식사를 하는 것이 중요합니다.

특히 수영에 필요한 근육과 힘은 매일 먹는 식사가 바탕이 되므로 여러 가지 음식을 먹어서 충분한 영양을 섭취하도록 하십시오.

③ 인내심이 필요하다.

인간은 감정적인 존재입니다. 때로는 연습에 싫증을 느끼거나 그만두고 싶은 때도 있을 것입니다. 그래도 지도자는 여러분들을 강하게 만들기 위해, 또는 기록을 향상시키기 위해 엄격하게 대할 것입니다. 그럴 때 참지 못하고 반발하게 되면 발전을 기대할 수 없게 됩니다. 지도자를 신뢰하고 그의 말에 겸손히 따르는 것이 중요합니다.

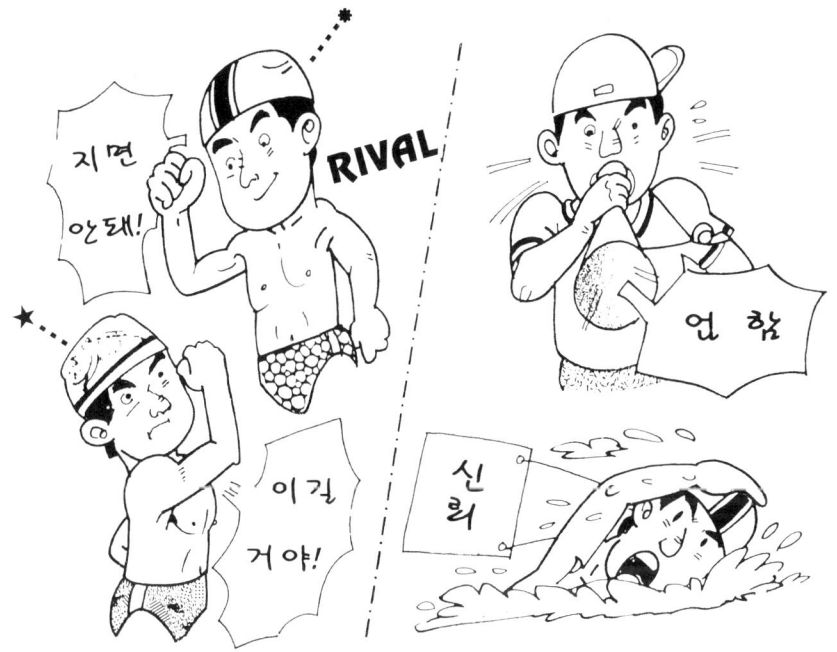

④ **선의의 경쟁자를 만든다.**

　컨디션이 좋지 않아서 기록이 향상되지 않는다거나 연습하기가 싫어졌을 때, 무엇인가를 하려는 마음을 불러일으켜 주는 친구나 선의의 경쟁자가 꼭 필요합니다. 경쟁자가 있으면 그 사람을 목표로 하여 열심히 하려고 하는 마음이 생기기 때문에 연습하는 데에도 도움이 되는 존재입니다.

⑤ **자기 관리를 할 수 있는 사람이 되자.**

　시합을 할 때, 자기 몸의 컨디션을 최고조로 유지하는 것은 자기 자신입니다. 결코 지도자나 부모가 아닙니다. 최고의 컨디션으로 시합에 나갈 수 있는 사람이야말로 명선수라고 말할 수 있습

Part 6 SWIMMING
룰과 명선수로의 길

니다. 자기 관리란 자신의 행동, 감정, 몸의 컨디션 모두에 책임을 지는 것입니다. 자기 관리를 할 수 있는 선수가 될 수 있도록 합니다.

⑥ 참고 견디는 정신을 갖자.

참고 견디는 정신이란 괴롭거나 힘들어도 참고 계속하는 것입니다. 하나하나 목표를 달성해 가는 기쁨과 보람을 느끼면서 괴롭더라도 꾸준히 연습하십시오.

지금 자신에게 참고 견디는 정신이 없다고 생각하는 사람은 없습니까? 무엇인가를 계속함으로써 자기 자신을 바꾸어 봅시다.

⑦ 연습에 충실하자.

연습이라는 것은 괴롭고 고통스러운 것입니다. 즐겁고 신나는 것이라면 단순한 레크리에이션입니다.

올림픽 대표 선수나 일류 선수가 된 사람들이라도 자신의 약점을 보완하기 위해서 보통 연습이 끝난 후 남몰래 연구하여 연습하곤 합니다. 그러한 노력을 꼭 본받도록 합시다.

⑧ 운이 따르도록 하자.

예술이나 스포츠 등은 모두 매일매일의 연습이 쌓여 좋은 결과가 나오는 것입니다.

또 확실히 충분한 연습을 했다고 하는 자신감은 시합에서 확실히 그 빛을 발하게 됩니다. 운이라는 것은 자기 자신이 만드는 것은 아니지만, 그것을 자신에게로 끌어당길 수 있으려면 연습이 뒷받침 된 자신감이 필요한 것입니다.

열심히 연습하여 자신감을 갖도록 합시다.

Part 6 SWIMMING
롤과 명선수로의 길

10. 여러 가지 수중 운동.

●도구를 사용하지 않는 수중 운동●

물 속에서도 여러 가지 운동을 할 수 있습니다. 물의 특성을 이용하면 근육을 아프게 하지 않고, 안전하고 효과적으로 몸을 단련시킬 수 있습니다.

똑같은 연습만 한다면 싫증이 나고 말 것입니다. 그러한 때 수중 운동으로 기분 전환을 꾀하는 것도 좋을 것입니다.

거기다 수중 운동은 보통의 연습으로는 단련할 수 없는 근육을 효과적으로 강화시키거나, 균형 감각을 연마하는 데에도 도움이 됩니다.

어떠한 수중 운동이 있는지 폭 넓게 알아 두십시오. 그리고 흥미를 가지고 있다면 직접 해 보십시오.

① 걷기(Walking)

팔을 크게 흔들며 팔꿈치를 높게 올리면서 몸을 똑바로 하여 천천히 걷습니다.

② 옆으로 걷기(Side Walking)

양발을 서로 교차시키면서 옆으로 똑바로 나아갑니다. 될 수 있는 대로 큰 동작이 되도록 합시다.

③ 가볍게 뛰기(Jogging)

물 속에서 가볍게 뜁니다. 무릎을 구부리고 팔을 힘차게 흔들어 봅시다. 걷기보다 큰 동작으로 행하는 것이 중요합니다.

④ 수중 달리기(Running)

비교적 빠르게 앞으로 진행합니다. 손으로 물을 휘저으며 발의 움직임을 빠르게 하면 매우 효과적입니다.

▲ 수중 운동은 전신의 근력을 향상시키고 균형 감각을 키우는 데에 최적이다. 걷기나 달리기로 몸을 단련하자.

Part 6 SWIMMING 룰과 명선수로의 길

⑤ 제자리 뛰기(Jump)

만세를 부를 때처럼 양손을 위로 높이 올려 제자리 뛰기를 하고 양손을 내리면서 착지합니다. 이러한 제자리 뛰기에 의하여 호흡의 타이밍을 파악할 수가 있습니다.

⑥ 접영 점프(Butterfly Jump)

양팔을 앞쪽으로 모으고, 양손으로 물을 뒤로 휘저으면서 점프합니다. 접영에서의 팔의 움직임을 익히는 데에 도움이 됩니다.

⑦ 블록 점프(Block Jump)

점프하면서 양 팔꿈치를 자신의 가슴으로 끌어당기도록 합니다. 이 운동에 의하여 복근을 단련할 수가 있습니다.

⑧ 스킵(Skip)

경쾌하게 깡충 뛰면서 앞으로 전진합니다.

⑨ 킥(Kick)

한 발씩 크게 물을 찹니다. 넓적다리의 근육을 강하게 할 수가 있습니다.

⑩ 점프 킥(Jump Kick)

가볍게 점프하면서 한 발씩 앞뒤로 물을 찹니다. 리드미컬하게 운동하면서 균형 감각을 몸에 익히는 데에 도움이 됩니다.

●도구를 사용하는 수중 운동●

도구를 사용하면 수중 운동을 더욱 효과적으로 할 수가 있습니다. 그때는 허리에 감아 차는 아쿠아 조거나 양손으로 잡는 아쿠아 조거 덤벨 등을 사용합니다.

이러한 도구를 사용하여 수중에서 걷기와 뛰기를 합니다. 수중 운동을 열심히 하는 사람은 꼭 시도해 보기 바랍니다.

◀ 왼쪽이 아쿠아 조거이며, 삼각형 모양의 것은 아쿠아 조거 덤벨이다.

▲ 아쿠아 조거를 허리에 감고 덤벨을 손에 들고 수중 조깅을 하고 있는 모습.

● 모든 연령층에 적합하다 ●

 1세도 되지 않은 유아부터 80세를 넘은 노인까지 즐길 수 있다는 것이 수영이 가진 가장 큰 매력입니다. 이러한 폭 넓은 연령층이 애호하는 스포츠는 그 어디에도 없습니다.

 또 야구나 테니스 같은 구기와 달리, 상대를 필요로 하지 않기 때문에 끝까지 일정한 보조로 운동을 할 수 있습니다. 컨디션이 좋다면 속도를 올리고, 그렇지 않으면 속도를 떨어뜨리거나 해서 그날의 상태에 맞출 수가 있기 때문입니다.

 경영이라고 하면 청소년만이 대상이라는 느낌이 있었으나, 현재는 중·장년층에까지 경영 애호자가 확대되어 여러 가지 큰 대회도 각지에서 열리고 있습니다.

 평생 스포츠로서 수영은 점점 우리와 친근해지고 있다고 말할 수 있을 것입니다.

7
SWIMMING

부 록

경기 규칙 ■ 170
용어 해설 ■ 182

Part 7
부록 - 경기 규칙

●경기 규칙●

시설과 복장

1. 수영장
   ① 수영장은 연맹 공인 수영장 공인 규칙에 기초하여 공인된 것이어야 한다.

길이	폭	수심	레인의 수
50m	15m 이상	1.2m 이상	7레인 이상
25m	11m 이상	1.0m 이상	5레인 이상

   ※공인 수영장 규격임.
   ② 수영장은 가득 채워서 일정 수위를 유지하도록 하고 수온은 25도 이상으로 유지해야 한다.
   ③ 경기는 50m 길이, 또는 25m 길이의 수영장에서 행한다.

2. 복장
   ① 수영복은 보기 흉하지 않고 속이 비치지 않는 것으로 할 것.
   ② 남자 - 수영 팬티를 포함한 아래 속바지를 입는 수영복이나 아래 속바지와 수영복을 착용한다.
   ③ 여자 - 등 이외에는 드러낸 곳이 없는 원피스 형의 수영복을 착용한다.
   ④ 고글을 착용할 수 있다.

경영의 종목과 거리

자유형	50m, 100m, 200m, 400m, 800m, 1500m
평영	50m, 100m, 200m

접영	50m, 100m, 200m
배영	50m, 100m, 200m
개인 혼영	200m(4종목×50m), 400m(4종목×100m)
계영	200m(4인×50m), 400m(4인×100m), 800m(4인×200m)
혼계영	200m(4인×50m), 400m(4인×100m)

경기의 편성과 레인 배정

1. 편성
 ① 경영 경기의 편성은 추첨에 의한 방법과 기록 순위에 의한 방법 중에서 택해 행한다.
 ② 예선 - 추첨 또는 기록 순서에 의해 결정한다.
 ③ 결승·B결승 - 예선의 기록 순위를 근거로 상위순으로 결승조를 편성하고, 그 다음 순위로 B결승의 조를 결정한다.
2. 레인 배정
 ① 레인 번호는 출발선에서 수영장을 향하여 오른쪽 끝을 제1레인으로 한다.
 ② 가장 좋은 기록을 가진 사람(팀)을 레인의 숫자가 홀수인 경기장에서는 중앙의 레인에, 6레인의 경기장에서는 제3레인에, 8레인의 경기장에서는 제4레인에 배치하고, 2번째로 좋은 기록을 가진 사람(팀)을 그 왼쪽으로, 이하 오른쪽, 왼쪽의 순으로 배치한다.

경영의 스타트, 시간 측정, 도착 순서

1. 스타트
 ① 자유형, 평영, 접영의 스타트는 물에 뛰어들이감으로써 행

Part 7 SWIMMING
부록 - 경기 규칙

한다.
  1) 심판장의 휘슬 신호로 스타트 대에 올라가 대 위의 뒤쪽에 양발을 모으고 정지해 있는다.
  2) '준비' 신호에 의해 스타트 대 앞쪽으로 적어도 한쪽 발을 걸치고 스타트 자세를 취한다.
  3) 출발 신호 후 스타트한다.
② 배영, 혼계영의 스타트는 물 속에서 행한다.
  1) 심판장의 휘슬 신호로 물 속으로 들어가 스타트 대를 향한다. 양손은 스탠딩 그립으로 하고, 양발(발가락을 포함한 발목부터 끝)은 수면 밑에 둔다. 이 경우, 수저에 닿거나 배수구에 발가락을 걸쳐서는 안 된다.
  2) '준비' 신호에 의해 출발 준비를 하고 정지해 있는다.
  3) 출발 신호 후 스타트한다.

2. 부정한 스타트의 처리
① 출발 신호 요원은 스타트에 잘못이 있다는 의심이 들면 출발 신호 후라도 경기자를 다시 불러들일 수가 있다.
② 제1회째 부정한 스타트를 했을 때는 경기자를 다시 불러서 신호 전에 출발 동작을 하지 않도록 주의를 준다.
③ 제2회째 부정한 스타트를 했을 때는 제1회째와 동일한 경기자인지 아닌지에 관계없이 제2회째의 위반자만 실격된다.

3. 시간 측정과 도착 순서의 결정
① 한 레인에 3명의 계시원(計時員)을 배치한다.
② 각 계시원이 계시한 시계로
  1) 3명이 일치했을 때는 그 시간을,
  2) 3명 중 2명이 같은 시간이고, 다른 1명이 다를 때는 2명이 일치한 시간을,

3) 3명 다 다를 때는 3명 중 중간에 있는 사람의 시간을 결정 시간으로 한다.
  ③ 계시원에 의해 계측된 각 레인의 시간이 도착순 심판원의 도착순 판정과 일치하지 않았을 때는 도착 순서 판정을 우선으로 하고, 일치하지 않은 레인에 대해서 계측된 시간의 총계의 평균을 그 레인의 시간으로 결정한다.
  ④ 전자동 장치에 의해 판정된 도착 순서와 시간은 반자동 장치 및 도착순 심판원이나 계시원에 의한 판정보다 우선한다.
  ⑤ 전자동 장치가 작동하지 않았을 경우는 도착순 심판원이 판정한 도착 순서와 계시원이 계측한 시간이 채용된다.
  ⑥ 세계 신기록은 전자동 장치 또는 전자동 장치가 고장났을 경우 반자동 장치에 의해 보고되어진 경우에만 인정된다.

경영 경기의 룰

1. 각 종목에 공통되는 룰
  ① 경기자가 자기 레인을 벗어나거나 다른 경기자를 방해한 경우는 실격된다.
  ② 경기 중에 바닥을 걷거나 뛰거나 하면서 경기를 계속하는 것이나 레인의 로프를 쥐는 등의 행위를 한 경우에는 위반이 된다. 자유형 경기 또는 계영 경기의 자유형에 한해 수영장의 바닥에 서는 것은 실격이 되지 않는다.
  ③ 턴할 때 경기자는 각 영법의 규칙에 따라 수영장 벽 끝에 몸의 일부를 접촉시켜야 한다. 이 경우 수영장의 바닥에 다리를 대거나 걷거나 해서는 안 된다.
  ④ 어떤 경기자라도 약물을 사용하거나 경기 중에 속력, 부력

Part 7 SWIMMING
부록 - 경기 규칙

또는 내구력을 돕도록 하는 기구(예를 들어 물갈퀴가 있는 장갑이나 오리발 등)나 장치를 착용해서는 안 된다. 다만 고글은 착용해도 된다.

⑤ 수영장 사이드에서 경기 중인 경기자에게 코치를 해서는 안 된다.

⑥ 경기자는 페이스 메이커 및 유사한 장치 등을 사용해서는 안 된다.

⑦ 릴레이 경기는 정해진 인원수에 의해 엔트리한 순서로 결정된 거리를 계영한다. 인계할 때 앞의 경기자가 벽 끝에 터치하기 전에 다음 경기자의 다리가 스타트 대에서 떨어져 있는 경우 그 팀은 실격이 된다.

다만, 위반한 경기자가 원래의 스타트 지점(벽 끝)까지 되돌아가 다시 경기를 하면 실격이 되지 않는다.

⑧ 경기가 행해지고 있을 때는 정당한 스타트에 의해 입수하는 경기자 이외의 사람은 입수해서는 안 된다.

⑨ 전자동 장치가 사용되고 있는 경우의 반환 및 결승점은 터치판(유효면)에 터치해야 한다.

⑩ 개인 종목에서도 정해진 전거리를 헤엄치지 않으면 입상할 수 없다.

2. 자유형

① 종목은 다음과 같다.

중학생·고등학생	남자	50m, 100m, 200m, 400m, 1500m
중학생·고등학생	여자	50m, 100m, 200m, 400m, 800m
일반	남·여	50m, 100m, 200m, 400m, 800m, 1500m

② 자유형이란 어떤 영법(스타일)으로 헤엄쳐도 좋다는 것을

의미한다.

③ 개인 혼영이나 혼계영 경기에 있어서 자유형이란 접영, 평영, 배영 이외의 영법을 의미한다.

④ 반환점 및 결승점 터치는 경기자의 몸 어느 부분이라도 수영장 벽에 닿으면 된다.

3. 배영

① 종목은 다음과 같다.

중학생·고등학생	남·여	100m, 200m
일반	남·여	50m, 100m, 200m

② 턴의 동작 중일 때를 제외하고, 항상 뒤로 누운 자세로 헤엄쳐야 한다.

③ 스타트 및 턴하여 벽을 찰 때는 뒤로 누운 자세가 되어서는 안 된다.

④ 뒤로 누운 자세란 신체의 어느 부분이라도 수면에 대해 90도 미만인 것을(머리 부분은 제외) 말한다.

⑤ 스타트 및 턴 후 벽을 차고 15m까지는 몸이 완전히 물에 잠겨도 좋으나 15m 지점에서 머리가 수면에 나와야 한다.

⑥ 턴을 행하고 있는 사이에 수영하는 사람의 몸의 일부가 벽면에 닿아야만 한다.

⑦ 턴의 동작 중에는 정규의 자세를 일탈해도 좋으나 발이 벽에서 떨어지기 전에 뒤로 누운 자세로 돌아가서는 안 된다.

4. 평영

① 종목은 다음과 같다.

중학생·고등학생	남·여	100m, 200m
일반	남·여	50m, 100m, 200m

Part 7 SWIMMING
부록 - 경기 규칙

② 스타트하여 턴한 후 최초로 휘젓기 시작할 때부터 몸은 엎드려 있어야 하며 양 어깨는 수면과 평행이 되어야 한다.

③ 양팔 및 양다리의 동작은 동시에 좌우 대칭이어야 하며 동시에 좌우 같은 높이로 행해야 한다.

④ 스타트 및 턴할 때를 제외하고 양손은 히프 라인보다 뒤로 돌아가서는 안 된다. 양손은 가슴 위치보다 앞으로 모아서 펴고 수면 또는 수면 밑에서 휘저어야 한다.

⑤ 양발의 차기는 뒤쪽의 바깥쪽으로 향하여 행한다. 양다리와 양발의 상하 움직임은 허용되지 않는다.

⑥ 물보라나 물장구 또는 돌핀 킥은 허용되지 않는다.

⑦ 턴 및 골을 터치할 때는 양손이 동시에 행해져야 한다. 터치는 수면의 상하 어느 쪽이라도 좋으나 이때 양 어깨는 수평이 되어야 한다.

⑧ 스타트 및 턴한 후 물 위로 떠오를 때는 수면 아래에서 한 번 휘젓거나 차도 좋다. 그 외 경기 중에는 한 번 휘젓거나 한 번 차는 일련의 동작 중에 머리의 일부가 수면 위로 나와야 한다. 머리가 수면에 잠겨 있으면 잠수 영법이 되어 반칙이다.

5. 접영

① 종목은 다음과 같다.

중학생·고등학생	남·여	100m, 200m
일반	남·여	50m, 100m, 200m

② 턴을 행하고 있을 때 이외에는 항상 몸은 엎드려 있어야 한다.

③ 스타트 및 턴 후의 동작은 팔을 휘젓기 시작하면서부터 양

어깨를 수면과 수평하게 하고 그 자세로 다음 턴의 골에 도착할 때까지 계속되어야 한다.

④ 양팔은 수면의 위에서 동시에 앞쪽으로 움직여야 하며 또 동시에 좌우 대칭으로 뒤쪽으로 휘저어야 한다.

⑤ 몸은 엎드려 있어야 하며 양 어깨는 수면에 대해 평행을 유지해야 한다.

⑥ 양다리와 양발의 동작은 항상 동시에 행해져야 하며 이때 수직의 상하 운동은 허용된다. 양다리와 양발은 같은 높이가 될 필요는 없으나 상호 움직여서는 안 된다.

⑦ 턴 및 골을 터치할 때는 양손이 동시에 행해져야 한다. 터치는 수면의 상하 어느 쪽이라도 좋으나 이때 양 어깨는 수평이 되어야 한다.

⑧ 경기자는 스타트 및 턴한 후 수면에 떠오르기 위해 다리는 수면 밑에서 횟수에 제한 없이 차는 것이 허용되지만 휘저은 팔은 반드시 수면 위로 나와 있어야 한다.

6. 개인 혼영

① 중학생·고등학생, 일반 남녀 모두 다음 2종목이다.
  1) 200m - 4종목 × 50m   2) 400m - 4종목 × 100m

② 한 사람의 경기자가 접영 → 배영 → 평영 → 자유형의 순서로 정해진 거리를 헤엄친다.

③ 영법은 각각의 종목에서 정해진 영법대로 헤엄친다. 다만, 자유형은 접영, 평영, 배영 이외의 영법으로 헤엄쳐야 된다.

④ 턴(영법이 바뀌는 때)은 벽면에 터치하고 발이 벽면에서 떨어졌을 때 다음의 영법으로 옮긴다.

7. 계영

① 종목은 다음과 같다.

Part 7 SWIMMING
부록 - 경기 규칙

1) 중학생(남녀 모두) - 400m(4명×100m)
2) 고등학생
   남자 - 400(4명×100m), 800m(4명×200m)
   여자 - 400m(4명×100m)
3) 일반(남녀)
   200m(4명×50m), 400m(4명×100m), 800m(4명×200m)

② 4명의 경기자가 신청한 순서대로 정해진 같은 거리를 릴레이하여 헤엄친다.

③ 인계할 때는 앞의 경기자가 벽면에 터치하고 난 후 다음 경기자가 스타트한다. 터치 전에 스타트 대에서 발이 떨어지면 그 팀은 실격이 된다. 그러나 위반한 경기자가 스타트 지점의 벽면에 다시 돌아와 경기하면 실격이 되지는 않는다.

④ 영법은 어떠한 영법이라도 좋다.

다이빙 경기의 룰

1. 경기의 방법

① 스프링보드 다이빙과 하이 다이빙 각각에서 정해진 수의 종목의 연기를 행하고 각 종목의 연기마다 채점한다. 그리고 그들 전체의 득점의 합계에 의해 순위를 결정한다.

② 다이빙 종목은 발판을 구르는 방법과 뛰어드는 방법에 의해 6개 그룹으로 나누어 약 160개의 연기 종목이 정해져 있다. 정해진 종목 이외의 연기는 할 수 없다.

③ 스프링보드 다이빙, 하이 다이빙 어느 쪽도 규정 다이빙과 선택 다이빙이 주어져 있으나 규정 다이빙에서 뛴 연기 종목을 선택 다이빙에서 반복하여 연기할 수 없다.

④ 연기 종목 수는 대회에 따라 다르다.
⑤ 각 경기 대회의 출전자는 자신이 행하는 다이빙 연기의 번호와 명칭, 연기의 모양, 스프링 판이나 하이 다이빙 대의 높이, 난이도를 기입한 신청서를 제출한다.

2. 연기의 방법
① 연기의 개시 - 개시의 자세는 자유이며, 다이빙의 발판 구르기는 도움닫기를 하여 달려서 다이빙을 하거나 그 위치에 서서 다이빙을 하거나 어느 한 쪽을 선택한다.
② 발판 구르기 - 용감하게 자신을 가지고 적당한 높이로 발판을 구른다. 서서 다이빙할 때는 발판을 구르기 전에 뛰어오르면 실격으로 간주된다.
③ 공중 연기 - (a)펴기형, (b)굽히기형, (c)껴안기형, (d)자유형의 4가지 형에 따라 행해져야 한다.
　(a) 펴기형 - 허리나 무릎을 굽히지 않고, 전신을 충분히 편 형.
　(b) 굽히기형 - 몸을 허리에서 2가닥으로 깊게 구부린 새우와 같은 형. 무릎과 발끝은 완전히 편다.
　(c) 껴안기형 - 무릎을 모으고 허리·무릎을 굽혀 몸 전체를 작게 접는 형. 발끝을 완전히 펴고, 무릎은 가슴에 껴안는다.
　(d) 자유형 - 어떤 형을 취해도 좋으나, 양발을 모으고 발끝을 펴야 한다.
④ 입수 - 발을 모으고 몸을 똑바로 펴고 수면에 거의 수직으로 입수한다.

3. 심판과 채점
① 7명 또는 5명의 심판원이 심판과 채점을 행한다.

② 각 심판원은 서로 상의하는 일 없이, 자신의 주관에 의해 0점에서 10점 사이에서 0.5점 등급으로 채점한다.
③ 채점할 때 고려할 요소는 도움닫기나 발판 구르기에서의 자세, 안정성, 공중에서의 폼의 아름다움과 기술 및 입수에서의 자세와 각도 등을 종합적으로 본다.

4. 득점과 순위의 결정
① 심판원의 채점 중 최고점과 최저점을 뺀 나머지 점수의 평균치를 내고 그것에 난이도를 합쳐 득점을 산출한다.
② 각 경기자가 각각의 종목에서 얻은 점수를 합계하여 득점이 많은 사람 순으로 순위를 결정한다. 동점인 경우에는 동순위로 한다.

●레이스에 관한 문제 해결●

▶페이스 배분은 어떻게 하는가?

　50m까지라면 페이스 배분은 불필요. 오로지 전력으로 헤엄칠 뿐이다. 100m이상이 되면 자신의 영력과 지구력을 고려해서 후반에 지치지 않도록 페이스를 배분한다. 한 번 페이스를 정하면 옆 주자의 수영에 끌리지 않도록 하는 것이 중요하다.

▶좋은 스타트와 그 타이밍은?

　스타트의 신호를 듣고 난 다음 동작을 개시해서는 정말로 늦다. '준비'하면 가능한 한, 앞쪽으로 체중을 걸고 몸이 떨릴 정도의 미묘한 밸런스로 신호를 기다린다.

▶스퍼트의 시기와 요령은?

　육상의 중거리와 마찬가지로 상대에 대한 심리적인 압력이 효과적이다. 자기의 페이스를 지키는 것이 제일이지만 앞지를 때는 쑥 한꺼번에 떼어 놓고 상대의 기를 꺾는 것이 요령이다.

▶크롤의 호흡에서 주의할 사항은?

　왼쪽이면 왼쪽으로 일정 방향만 호흡하는 버릇이 붙으면 양 옆의 선수가 내는 물결에 의해서 충분하게 호흡할 수 없는 경우가 있다. 상황에 따라서 호흡의 방향이나 횟수를 조절하는 기술도 필요하게 된다.

●용어 해설●

가

개인 혼영 (inidividual medley) 한 사람의 선수가 접영, 배영, 평영, 자유형의 순서로 수영하는 경기로, 200m와 400m의 2종목이 있다. 4명의 선수가 수영하는 것은 메들리 릴레이(medely relay). 어느 쪽도 4번째의 자유형을 접영, 배영, 평영 이외의 방법으로 헤엄쳐야 하기 때문에 크롤이 되는 것이 보통이다.

고글 (goggles) 수영용 안경을 말한다.

골 (goal) 결승점.

그래브 스타트 (grab start) 출발대에서의 출발 방법의 하나. 상체를 구부리고 양손으로 대의 끝을 붙잡는다. 이것에 대해 손의 반동을 이용한 스타트를 팔흔들기 스타트라고 말한다. 팔흔들기 스타트는 릴레이의 제2영자 이하의 스타트에 잘 쓰인다.

글라이드 (glide) 손발을 일직선으로 뻗은 자세로 미끄러지듯이 나아가는 것을 말한다.

나

네거티브 스플리트 (negative split) 전반보다 후반을 빠르게 헤엄치는 것으로, 예를 들어 100m를 1분에 헤엄칠 때 전반 50m를 31초, 후반 50m를 29초에 헤엄치는 것을 말한다.

노 브레싱 (no breathing) 100m 자유형 등에서 흔히 볼 수 있는데, 호흡을 멈추고 헤엄치는 것.

닐센 법 (Nielsens method) 덴마크의 닐센이 고안한 인공 호흡법으로 물에 빠진 사람을 엎드리게 해서 등을 누르고, 양팔을 들어 올려 폐에 공기를 집어넣는다. 1분간 12회 정도 행하면 좋다고 한다.

⋯⋯⋯⋯ 다

단수로 (短水路) 25m 길이의 수영장을 말한다. 이것에 대해서 50m 이상의 수영장은 장수로라고 말한다. 세계 기록은 50m 수영장에서 수립된 기록만이 공인된다. 국제적으로는 옥외가 장수로, 옥내가 단수로의 경기가 되는 것이 보통이다. 턴을 잘하는 선수는 같은 거리를 수영해도 단수로 쪽이 보다 좋은 기록이 나온다.
대시 (dash) 스피드 있게 헤엄쳐 나가는 일.
돌핀 킥 (dolphin kick) 접영에서 양발을 모아서 헤엄치는 영법. 돌고래의 발지느러미 동작과 비슷한 데서 이렇게 부른다.
디센딩 (descending) 인터벌 트레이닝으로 앞의 반복보다 뒤의 반복을 빨리 헤엄치는 연습 방법이다. 예를 들어 50m×8회의 경우, 전반의 4회보다 후반의 4회를 빠르게 헤엄치는 것을 말한다.

⋯⋯⋯⋯ 라

라스트 스퍼트 (last spurt) 경영에서 결승점에 가까와지면서 속도를 내는 일.
랩 타임 (lap time) 전 코스의 일정 구간마다 걸린 시간. 보통 50m 또는 100m씩 발표된다.
레글리스 (legless) 다리를 쓰지 않고 팔만으로 헤엄치는 것. 팔 강화 연습에 쓰인다.
레이스 (race) 경영. 즉, 일정한 거리를 헤엄쳐 그 빠르기를 겨루는 경기.

Part 7 SWIMMING
부록 - 용어 해설

레인 (lane) 경영자가 헤엄치는 수로. 수영 연맹의 규정에 따르면 폭은 2.3m 이상이어야 한다. 각 레인을 구분하는 로프는 철사로 된 로프에 나무 또는 코르크로 된 원통구를 감싸도록 규정하고 있다.

레퍼티션 트레이닝 (repetition training) 50m에서 200m 정도의 거리를 전속력으로 헤엄친 후 충분한 휴식을 취한 다음, 다시 반복하는 트레이닝 방법이다. 속도를 높이는 데에 도움이 되는 연습이다.

롤링 (rolling) 수영 중에 몸(특히 어깨의 선)이 좌우로 흔들리는 것. 피칭과 마찬가지로 적은 편이 좋으나 크롤과 배영의 경우 어느 정도의 롤링은 어쩔 수 없다.

롱 (long) 장거리를 헤엄치는 것을 말한다. 자세의 교정이나 지구력을 키우는 데에 효과가 있다.

리커버리 (recovery) 크롤, 배영, 접영의 스트로크로 손이 수면에 나와 또다시 입수하기까지의 동작, 어느 경우에도 무릎의 동작이 중요하다.

마

마우스 투 마우스 법 (mouth-to-mouth method) 물에 빠진 사람의 입에 직접 입을 대고 공기를 폐에 집어넣는 인공 호흡법을 말한다.

바

바이크 스타트 (bike start) 자세는 그래브 스타트와 같지만 공중에서는 의식적으로 손과 머리를 아래쪽으로 향해서 ㄱ자 모양의 자세를 만드는 스타트. 현재의 톱 스위머는 거의 이 스타트 방법을 택하고 있다.

백 스트로크 (back stroke) 배영.

버터플라이 (butterfly) 접영.

부력 (浮力) 물 속에 있는 물체를 그 표면에 작용하고 있는 압력에 의하여 위쪽으로 뜨게 하는 힘.

브레스 (breath) 수영 중에 호흡을 하는 것.

브레스트 스트로크 (breast stroke) 평영.

블라인드 사이드 (blind side) 크롤에서 호흡을 하기 위해 옆으로 들어 올린 얼굴의 반대쪽을 말한다.

비사이요 스타트 배영의 스타트 방법의 하나. 스타트 후의 잠수 중에 위를 보고서 돌핀 킥을 히면서 긴 거리를 잠수 상태에서 나아간다. 25m 정도 잠수한 채로 나아가는 선수도 있다. 또 턴 후의 잠수에도 사용할 수 있는 방법으로 이 경우는 비사이요 턴이라고 부른다. 비사이요란 이 테크닉을 최초로 사용한 선수의 이름.

비트 (beat) 크롤, 배영, 접영 등에서 하는 킥으로 물장구를 치는 것. 크롤에서는 6비트가 일반적이다.

비트판 (beat 板, kick board) 킥의 연습에 사용하는 판 모양의 뜨는 도구를 말한다.

사

사이드 브레싱 (side breathing) 옆을 보며 호흡하는 방법.

사이드 스트로크 (side stroke) 횡영. 물 위에 모로 누운 자세로 머리를 들고 헤엄쳐 나가는 영법.

서머솔트 턴 (somersault turn) 크롤과 배영의 킥 턴의 별칭.

Part 7
SWIMMING
부록 - 용어 해설

서브 풀 (sub pool) 보조 수영장. 경기용 수영장 외에 선수들의 연습용 수영장.

서킷 트레이닝 (circuit training) 근력이나 지구력을 향상시키기 위해 몇 가지의 운동을 조합하여 1세트로 하여 그것을 몇 세트 반복하여 행하는 트레이닝 법을 말한다.

세트 포지션 (set position) 다음 동작을 행하기 위한 준비 자세를 말한다.

스위머 (swimmer) 수영하는 사람. 수영 선수.

스위밍 풀 (swimming pool) 수영장. 스위밍 베스(swimming beth), 스위밍 탱크(swimming tank)도 수영장이라 한다.

스타터 (starter) 출발 신호원. 스타트를 신호하는 사람을 말한다.

스타팅 그립 (starting grip) 배영의 스타트를 위해 풀의 가장자리와 수면의 거의 중간의 벽에 마련된 손잡이 막대.

스태미나 (stamina) 격렬한 연습을 견디어 내는 힘. 지구력.

스트로크 (stroke) 팔로 물을 젓는 동작.

스트림라인 (streamline) 손발을 똑바로 뻗어 유선형을 유지한 자세를 말한다. 이렇게 하면 물의 저항이 가장 적어진다.

스퍼트 (spurt) 매우 빠르게 헤엄치는 것을 말한다. 마지막 총력을 쏟는 것을 말한다.

스프린터 (sprinter) 주로 100m, 200m 자유형의 단거리 선수.

스프린트 (sprint) 최고의 속도로 짧은 거리를 헤엄치는 것.

시저스 킥 (scissors kick) 횡영이나 입영에서 마치 가위처럼 양다리를 번갈아 차면서 헤엄치는 방법.

싱크로나이즈드 스위밍 (synchronized swimming) 수영에 음악과 댄스를 조화시켜, 그 아름다움을 서로 겨루는 경기. 솔로

(1인), 듀엣(2인), 팀(4인 이상 8인 이내)이 있다.

아

아웃도어 시즌 (outdoor season) 옥외 수영장에서 경기나 연습을 행할 수 있는 시즌을 말한다. 구체적으로는 4월부터 9월까지를 말한다.

암 (arm) 팔만으로 헤엄치는 것을 말한다.

양손 터치 결승점이나 반환점일 때에 양손을 동시에 짚는 것으로, 접영·평영에서는 이 방법이 아니면 영법 위반이 된다.

엔트리 (entry) 2가지의 의미가 있다. 하나는 경기에 출전할 것을 신청하는 것, 또 하나는 리커버리되어진 손을 다시 물 속에 넣는 것을 말한다.

에이지 그룹 (age group) 연령별로 나누어 경기하는 방법. 예를 들면, 10세 이하, 10~11세, 12~13세, 14~15세, 16~17세, 18세 이상으로 나누어 경기를 치룬다.

오밋 (omit) 경기 규칙에 위반되어 실격되고 마는 것을 말한다.

오버 플로 (over flow) 배수를 위해 수영장 수면의 조금 위에 설치되어 있는 홈. 킥의 연습 때 이 가장자리를 붙잡고 하는 경우가 많다.

오픈 사이드 (open side) 크롤의 호흡에서 숨을 들이마시기 위해 얼굴을 돌리는 쪽. 반대쪽을 블라인드 사이드(blind side)라고 말한다.

오픈 턴 (open turn) 크롤이나 배영에서 초보자가 행하는 보통의 턴을 말한다.

오피셜 레코드 (official record) 공인 기록. 공인 기록의 조건

Part 7 SWIMMING
부록 - 용어 해설

으로서는 국제수영연맹의 공인 경기장에서 이루어진 대회에서 공인 기록회에서 작성된 것이어야 한다. 자유형, 배영(백), 평영(브레스트), 접영(버터플라이), 개인 혼영, 계영, 혼계영 경기를 공인 기록으로 인정한다. 미터 법을 적용하고, 각 기록은 50m 길이의 수영장에서 작성된 것이어야 한다.

워밍 업 (warming up) 본격적인 운동을 하기 전에 하는 준비 운동.

워터 폴로 (water polo) 수구. 7명씩 2팀이 정해진 지역에서 상대의 골에 공을 던져 넣어 승패를 겨루는 게임이다.

웨지 킥 (wedge kick) 평영의 일반적인 발 차기. 무릎과 발목을 굽혀서 수면에 평행으로 하여 발바닥으로 원을 그리듯이 물을 뒤쪽으로 찬다.

인도어 시즌 (indoor season) 실내 풀을 이용하여 경기나 연습을 하는 기간. 주로 동절기를 기리킨다.

인도어 풀 (indoor pool) 실내 수영장을 말한다.

인터벌 트레이닝 (interval training) 운동과 휴식을 규칙적으로 반복하는 트레이닝으로 지구력을 높이는 데 효과가 있다. 또 운동의 강도, 반복 횟수, 휴식 시간을 잘 연구함으로써 운동 능력을 광범위하게 향상시키는 것도 가능하다. 수중 트레이닝의 중심이 된다.

인터피어 (interfere) 경영 중에 자기 레인을 벗어나서 다른 선수의 수영을 방해하는 것. 물론 실격 처리된다.

입영 (立泳) 영법의 하나로서, 물 속에 똑바로 선 자세로 치는 헤엄.

자

잠행 (潛行) 물 속을 헤엄치는 것.
장수로 (長水路) 50m 이상 길이의 수영장.

카

캐치 (catch) 크롤, 접영, 배영에서는 입수 직후, 평영에서는 앞쪽으로 팔을 다 뻗은 직후에 물을 젓기 시작하려는 동작.
캐치 포인트 (catch point) 물을 캐치하는 위치와 순간을 말한다.
콤비네이션 (combination) 수영에서 중요한 팔과 킥, 호흡의 동작을 타이밍에 맞게 리드미컬하게 조화시켜 헤엄치는 것을 말한다.
쿨링 다운 (cooling down) 정리 운동. 연습 또는 시합과 같이 격렬한 운동을 한 뒤, 재빨리 심신의 피로를 풀기 위해 가볍게 운동하는 것.
크램프 (cramp) 근육의 경련. 수영할 때 종아리에 나는 쥐를 말한다.
크롤 스트로크 (crawl stroke) 현재로는 가장 속도가 빠른 영법. 아메리칸 크롤, 트러지언 크롤, 오스트레일리아 크롤 등의 크롤 영법이 있다.
킥 (kick) 다리로 물을 차거나 다리만으로 헤엄치는 것. 킥의 종류에는 돌핀 킥, 프로그 킥(frog kick) 등이 있다.
킥 턴 (quick turn) 물 속에서 하는 잠자리 돌기와 같이 뒤집어 넘기의 턴. 서머솔트 턴이라고도 한다.

Part 7 SWIMMING
부록 - 용어 해설

타

타이머 (timer) 계시기 또는 시간을 재는 요원을 말한다.

터닝 보드 (turning board) 반환점 또는 결승점에 설치되어 있는 것으로, 이곳을 터치(touch)해야 실격이 안 된다.

터치 (touch) 골 또는 턴하여 수영장 벽에 닿는 것을 말한다.

터치판 (touch 板) 벽에 붙여진 노란색 판으로 선수가 터치하면 기록 및 도착 순서가 게시판에 표시되도록 되어 있다.

턴 (turn) 반환하는 것을 말한다.

테이퍼 (taper) 최상의 상태로 경기에 출전하기 위해 경기 1주일이나 5주일(종목이나 개인에 따라 시기는 다르다) 전부터 연습량을 조금씩 줄여 나가 휴식을 취하면서 조정해 가는 것을 말한다. 테이퍼링이라고도 한다.

트러지언 크롤 스트로크 (trudgeon-crawl stroke) 크롤 영법의 한 가지 타입. 오스트레일리아 크롤에서 아메리칸 크롤로 발전하는 과정에 창안된 영법으로 발의 움직임이 큰 것이 특징이다.

파

페이스 (pace) 경영에서의 힘의 안배. 보조.

푸시 (push) 물을 밀어서 추진력을 얻는 것. 스트로크의 연속 동작에서는 후반 부분을 말한다.

풀 (pull) 스트로크로 캐치에 이어 물을 젓는 동작. 추진력을 낳게 하는 중요한 과정.

풀 비 팔을 휘젓는 연습을 할 때 이용하는 보조용 뜨는 기구를 말한다.

풀 킥 콤비네이션 (pull kick combination) 팔로 젓는 것과 발로 차는 것. 풀과 킥을 합쳐서 헤엄치는 것. 'PKC'라고도 한다.

풀 패턴 (pull pattern) 팔을 저을 때 손끝이 그리는 궤적을 말한다.

프리 스타일 (free style) 자유형. 크롤과 동의어로 생각하고 있으나 그렇지 않고 어떤 스타일로 수영해도 좋다라는 뜻이다. 크롤보다 접영 쪽이 자신이 있으면 접영으로 수영해도 되고 도중에 영법을 변경해도 좋다.

플라잉 (flying) 출발 신호 전에 움직인다든가, 레이스에 뛰어드는 것.

FINA (피나) 국제수영연맹을 말한다.

피니시 (finish) 헤엄치는 동작의 후반부. 또는 경영의 끝 부분.

피치 (pitch) 일정 시간, 또는 일정 거리 사이에 행하는 스트로크의 횟수를 말함. 이 횟수가 많은 수영을 피치 영법이라고 한다.

피치 영법 팔과 다리를 빠르게 움직여서 속도를 올리려고 하는 수영법이다. 평영이나 크롤의 영법 중 하나로 주로 경영에서 사용된다.

하

하이 엘보 (high elbow) 팔꿈치를 손바닥보다 높은 위치로 유지하는 팔의 동작을 말한다.

혼계영 (medley relay) 400m 메들리 릴레이가 일반적인데, 배영→평영→접영→자유형의 순서로 각각 100m씩 4명이 계영한다.

휩 킥 (whip kick) 평영에서 많이 쓰이는 발 차기.

파이팅 기초 수영 마스터
SWIMMING

편저자 ·	竹宇治 聰子
	스포츠서적편집실
발행자 ·	남　용
발행소 ·	일신서적출판사
주　소 ·	121-110 서울 마포구 신수동 177-3
등　록 ·	1969.9.12. No.10-17
전　화 ·	703-3006~8　　FAX · 703-3008

ⓒ ILSIN PUBLISHING Co. 1990.